Dirección editorial: enClave-ELE
Autoras: Ezgi Seçik, Leticia Santana Negrín, Aurora Martín de Santa Olalla

Diseño y maquetación Libro del alumno: Malena Castro
Diseño y maquetación Cuaderno de actividades: Diseño y control gráfico

Cubierta: Malena Castro

Fotografías: © Shutterstock; pág. 8: Marcin Krzyzak/Shutterstock.com; pág. 9: Natursports/Shutterstock.com; Isa Fernandez Fernandez/Shutterstock.com; vipflash/Shutterstock.com; Kathy Hutchins/Shutterstock.com; lev radin/Shutterstock.com; Denis Makarenko/Shutterstock.com; Faizal Ramli/Shutterstock.com; phortun/Shutterstock.com; Alizada Studios/Shutterstock.com; pág. 17: Featureflash Photo Agency/Shutterstock.com; Kathy Hutchins/Shutterstock.com; pág. 63: Dario Dominin/Shutterstock.com; Alizada Studios/Shutterstock.com; http://www.rtve.es/deportes/20180301/espanola-sandra-sanchez-elegida-mejor-karateca-todos-tiempos/1686901.shtml; https://commons.wikimedia.org/wiki/File:2012_WFSC_05d_052_Sonia_Lafuente.JPG; pág. 76: https://fundacionneruda.org/; http://dartedarte.blogspot.com/2015/05/salvador-dali.html; https://www.eluniverso.com/vida-estilo/2014/02/24/nota/2229511/vestuario-frida-khalo-libro; https://www.t13.cl/noticia/tendencias/cultura/Seis-cosas-que-quiza-no-sabias-de-Pablo-Neruda-a-43-anos-de-su-muerte; pág. 109: Barna Tanko/Shutterstock.com; pág. 111: Beatriz Zambrana/Shutterstock.com, Merche Fernández: https://static1.elcomercio.es/www/multimedia/201709/21/media/cortadas/0F362QY1-kgN-U40842748520QNF-624x385@El%20Comercio.jpg, Inés Alcántara: https://img2.rtve.es/v/4736696/, María Alcántara: https://s03.s3c.es/imag/_v0/770x420/b/f/1/cuentame-maria.jpg, Toni Alcántara: https://s4.eestatic.com/2016/02/05/cultura/TVE-Cultura_100000424_794628_1706x960.jpg, Carlos Alcántara: http://img2.rtve.es/v/1251106?w=1600&preview=1321531149377.jpg; pág. 131: JStone/Shutterstock.com; Maxisport/Shutterstock.com; Cineberg/Shutterstock.com; cristiano barni/Shutterstock.com; pág. 134: BBrown/Shutterstock.com; Dmitrii-larusov/Shutterstock.com; Vereshchagin-Dmitry/Shutterstock.com; pág.135: J-Stone/Shutterstock.com.

Si detecta que alguna fuente de las imágenes o textos citados en este manual es incorrecta o está incompleta, por favor, diríjase a enClave-ELE a través de esta dirección: info@enclave-ele.com.

Agradecimientos: A Virginia de Sousa Bonfim, Laura Pérez Arranz, Natalia Redondo Román e Isabel Ibañez Albertos; por sus comentarios y observaciones. A Cristina Herrero, por su ayuda desinteresada y su apoyo incondicional. A Malena Castro, por su paciencia y dedicación. Y a nuestras familias y amigos que nos han apoyado durante este proyecto.

Estudio de grabación: Voces de cine

© enClave-ELE, 2019
ISBN: 978-84-16108-06-0
Depósito legal: M-17875-2019
Impreso en España
Printed in Spain

Cualquier forma de reproducción, distribución, comunicación pública o transformación de esta obra solo puede ser realizada con la autorización de sus titulares, salvo excepción prevista por la ley. Diríjase a CEDRO (Centro Español de Derechos Reprográficos, www.cedro.org) si necesita fotocopiar o escanear algún fragmento de esta obra.

¡Qué guay! es un manual para adolescentes diseñado bajo las orientaciones del **Marco Común Europeo de Referencia (MCER)** y el **Plan Curricular del Instituto Cervantes (PCIC)** con un enfoque orientado a la acción.

→ En el mismo volumen encontrarás el **libro del alumno** y el **cuaderno de actividades**, además de un **diccionario visual**, un **apéndice gramatical** y las **transcripciones** que se encuentran al final del libro.

→ Cada libro incluye un código de acceso al **libro digital** a través de Blinklearning (www.blinklearning.com) en el que encontrarás además una gran variedad de actividades autocorregibles que los alumnos podrán realizar desde su móvil, ordenador o tableta.

¡Qué guay! se caracteriza por:

✎ atender al proceso de aprendizaje de lenguas extranjeras teniendo en cuenta **los intereses** de los estudiantes de estas edades;

✎ trabajar todas **las destrezas de un modo equilibrado y significativo**;

✎ incluir **actividades de respuesta abierta** para promover el **intercambio de ideas** y el debate en clase, así como actividades más estructurales para la **sistematización** de contenidos;

✎ trabajar los **contenidos lingüísticos** (fonética, gramática, sintaxis, léxico, pragmática, ortografía) de un modo integrado, presentándolos de manera explícita e implícita en cada unidad;

✎ trabajar el **léxico** propuesto por el PCIC para cada nivel atendiendo a un número mínimo de repeticiones para ayudar al alumno en su aprendizaje;

✎ fomentar una **visión del mundo inclusiva y respetuosa**, ofreciendo ejemplos, fotos y textos con diferentes modelos culturales y personales.

En *¡Qué guay!* los estudiantes tendrán las siguientes instrucciones:

Lee	Escribe	Escucha	Habla / comenta	Juega
Completa	Marca	Rodea	Tacha	Relaciona

tres 3

ÍNDICE DE CONTENIDOS

Unidades	Contenidos funcionales	Contenidos gramaticales
0 El primer día	• Deletrear, saludar y presentarse • Comunicarse en clase (instrucciones, etc.)	
 **1** ¡Hola! ¿Qué tal?	• Saludar • Presentarse • Despedirse • Pedir y dar información personal • Expresar existencia (1)	• Género y número de los sustantivos y de los adjetivos • Artículos indefinidos • "Hay" para hablar de existencia • Pronombres personales (singular) • Presente de indicativo: llamarse, ser y tener (singular) • Pronombres interrogativos
 **2** En la clase	• Expresar existencia (2) • Identificar • Pedir y dar información sobre la ubicación de un lugar	• Cuantificadores indefinidos: mucho, bastante, poco • Pronombres personales (plural) • Artículos definidos • Verbo ser • Verbo estar • Contraste hay y está/n

¡Preparo el DELE Escolar!
¡Qué guay! Tablero de juego. Serpientes y escaleras
Proyecto 1. Un cole muy guay

Unidades	Contenidos funcionales	Contenidos gramaticales
 **3** Mi gente	• Hablar de la familia • Hacer descripciones físicas y de carácter • Hablar de profesiones y lugares de trabajo	• Presente de indicativo de los verbos regulares • La negación • Adjetivos posesivos • Concordancia adjetivo / sustantivo
 **4** ¡Me gusta mucho!	• Expresar gustos e intereses • Expresar acuerdo y desacuerdo • Hablar de la comida	• Verbos de valoración: gustar, encantar • Adverbios: también, tampoco, mucho • Adverbios de frecuencia • Conjunciones: y, e, ni, o, u, pero • Nombres contables e incontables
 **5** Esta es mi casa	• Describir la casa • Preguntar y decir la ubicación • Preguntar y decir la hora de eventos y acciones	• Diferencia entre ser / estar • Para + infinitivo • Los demostrativos • Preposiciones de lugar

¡Preparo el DELE Escolar!
¡Qué guay! Tablero de juego. La oca loca
Proyecto 2. Los alumnos investigadores
Cuaderno de actividades
Diccionario visual
Apéndice gramatical
Transcripciones

ÍNDICE DE CONTENIDOS

Contenidos léxicos	Cultura	Pronunciación y ortografía	Pág.
• Los números del 0 al 20 • Los objetos de la clase • Países hispanohablantes y nacionalidades		• El alfabeto	8
• Los objetos de la clase • Los colores • Países y nacionalidades	• Los nombres y apellidos en español • Signos de puntuación útiles en Internet (@, /, ., -, _)	• Mayúsculas y minúsculas	15
• Las partes del colegio • Las horas • Las asignaturas en español • Adjetivos para hablar de las asignaturas	• El origen de los nombres de los días de la semana • Canción: cumpleaños feliz	• El sonido /θ/ • Las letras c y z	27
¡Preparo el DELE Escolar!			39
¡Qué guay! Tablero de juego. Serpientes y escaleras			40
Proyecto 1. Un cole muy guay			42
• Los números del 20 al 100 • Adjetivos para describir físico y personalidad • La familia • Las profesiones	• Trabalenguas de las profesiones	• El sonido /x/ • Las letras g y j	43
• Las aficiones • Las comidas y los alimentos • El menú	• Las cuatro comidas: poema	• El sonido /k/ • Las letras c, k, q	55
• Las partes de la casa • Los muebles • Adjetivos para describir una casa • Las horas	• Casas de los famosos hispanohablantes	• Los sonidos /r/ y /rr/ • La letra r	67
¡Preparo el DELE Escolar!			78
¡Qué guay! Tablero de juego. La oca loca			80
Proyecto 2. Los alumnos investigadores			82
Cuaderno de actividades			83
Diccionario visual			129
Apéndice gramátical			142
Transcripciones			158

cinco 5

ESQUEMA DE LAS UNIDADES

¡Empezamos!

Los alumnos se familiarizan con los contenidos de la unidad a través de una actividad de input auditivo de una forma visual e intuitiva.

Se presentan los contenidos funcionales de la unidad.

Se realzan los contenidos léxicos y gramaticales más relevantes de la unidad.

Inicio de unidad

Se trabajan de forma comunicativa los contenidos de la unidad, atendiendo a los aspectos funcionales.

Se incluyen cuadros de apoyo gramatical.

Mi cuaderno de vocabulario

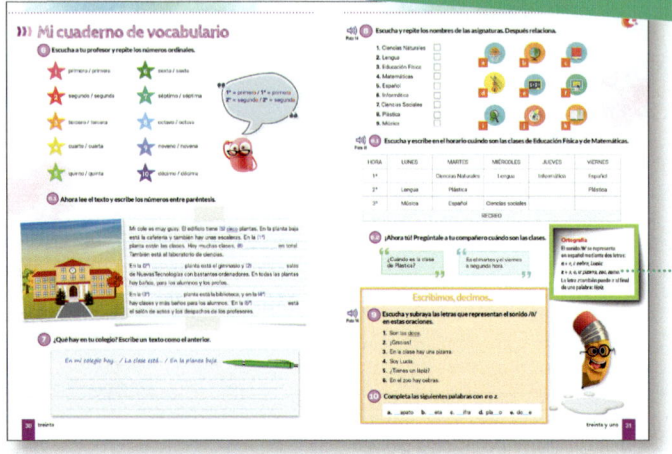

Se trabaja el contenido léxico de la unidad en contexto y con actividades de sistematización.

Habitualmente aparecen cuadros para reflexionar sobre aspectos ortográficos y fonéticos.

Mi cuaderno de gramática

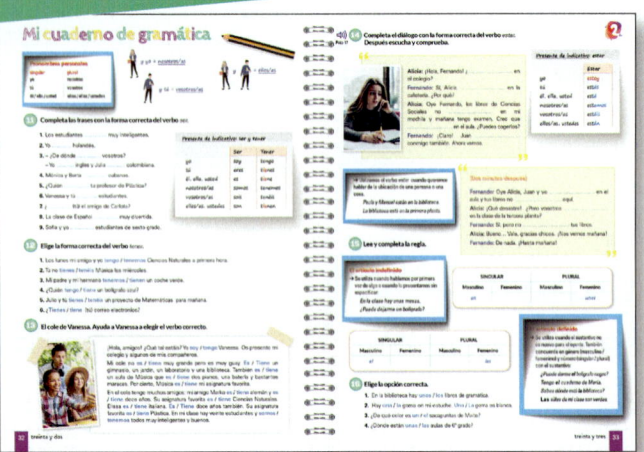

Se trabaja la gramática de forma explícita: aprendemos las reglas y practicamos.

Conecta2

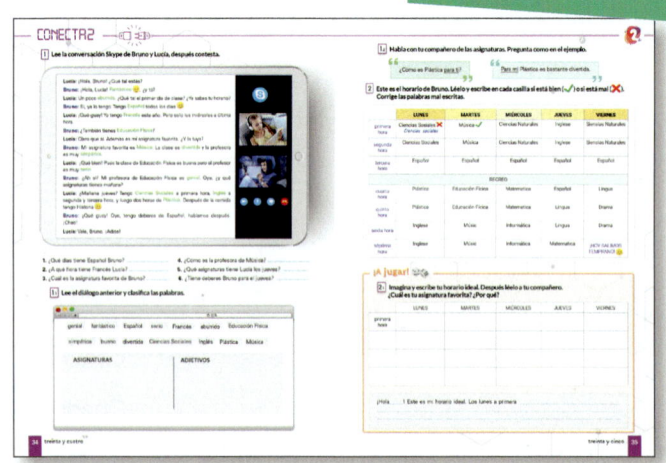

Se amplía y repasa el contenido clave de la unidad a través de una comprensión lectora vinculada a las nuevas tecnologías y al mundo digital.

ESQUEMA DE LAS UNIDADES

¡Qué interesante!

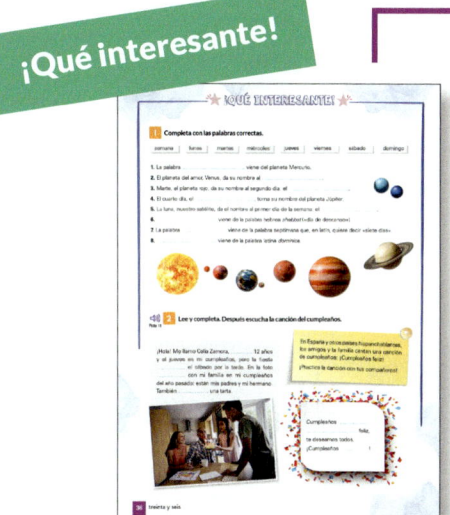

Sección dedicada a la cultura y la intercultura.

Repaso

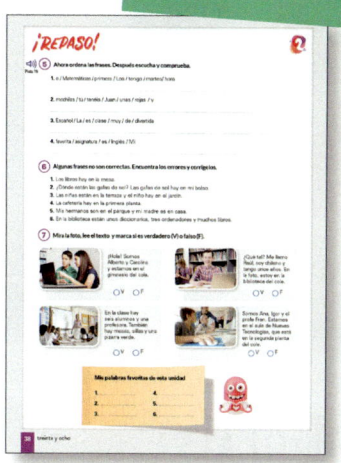

Se trabajan todas las destrezas y se refuerzan los contenidos que pueden presentar mayor dificultad para el alumno.

CONTENIDO ADICIONAL

¡Preparo el DELE!

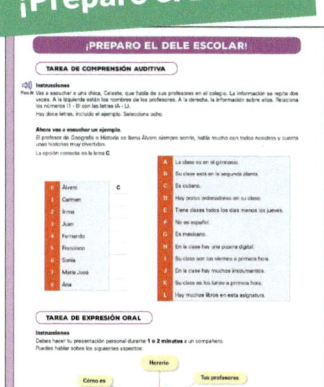

Se practican tareas tipo DELE y otros exámenes de certificación similares.

¡Qué guay! Tablero de juego

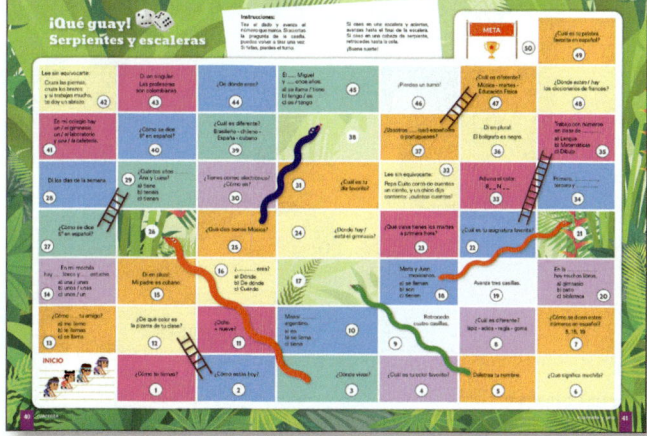

Al final de cada bloque (3 unidades) se repasan los contenidos vistos con este divertido tablero de juego.

Proyecto

Se trabaja de una forma manual y visual el contenido aprendido.

Diccionario visual

Actividades de sistematización sencillas para que el alumno pueda agrupar el vocabulario clave de cada unidad.

Apéndice gramatical

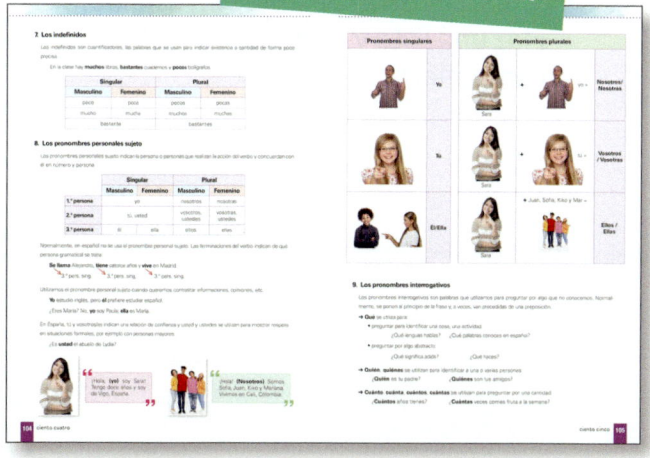

Se apoya al alumno con explicaciones breves y visuales que clarifican los contenidos gramaticales del nivel.

siete 7

El primer día

>>> ¡Hola!

1 Relaciona.

metro ☐
paella ☐
flamenco ☐
fútbol ☐
hotel ☐
taxi ☐
hola ☐

2 Escucha y repite las palabras.
Pista 1

2.1 ¿Cómo se dicen estas palabras en tu idioma?

3 ¿Conoces otras palabras en español? Haz una lista y después compara con tu compañero.

4 Busca en la sopa de letras cinco palabras en español.

```
C F I E S T A P T M E M S F
L V Z H O L A N G E I F C V
L X O F F V S G Y N V O X U
M N V F K U V I R K V B Y E
I I D Y A H O E J P Z V Z O
C T I A I I B U H U E S P U
E S F D Y W H X X F A A L Y
R H F I U H W E E U R O M E
J T R E N U Y Y C B I Q S I
T E L É F O N O L G T E R U
Q M E T R O W G P W E N N N
K V B A D I O S H V S O N E
P F K E K W T X W A L S N U
J D K E H K A U T O B U S I
```

8 ocho

»»» Hispanohablantes

5 Completa.

Nombre	País	Ciudad	Profesión
Luis Suárez	Uruguay		futbolista
Mafalda		Buenos Aires	estudiante
Shakira		Barranquilla	
Pedro Pascal		Santiago de Chile	actor

6 Escucha el audio y comprueba.
Pista 2

6.1 Ahora escribe tu presentación.

> ¡Hola! **Me llamo** Camila, **soy** cubana y vivo en La Habana. **Soy** cantante.

¡............!
Me llamo ....,
soy .... y vivo en
....
Soy ....

6.2 ¿Qué otros hispanohablantes conoces?

....

nueve 9

»»» Hablamos español

7 Hablan español en 21 países. ¿Conoces algunos? Lee los países en voz alta.

8 Completa con los nombres de estos países.

Cuba

España

Ecuador

Panamá

Bolivia

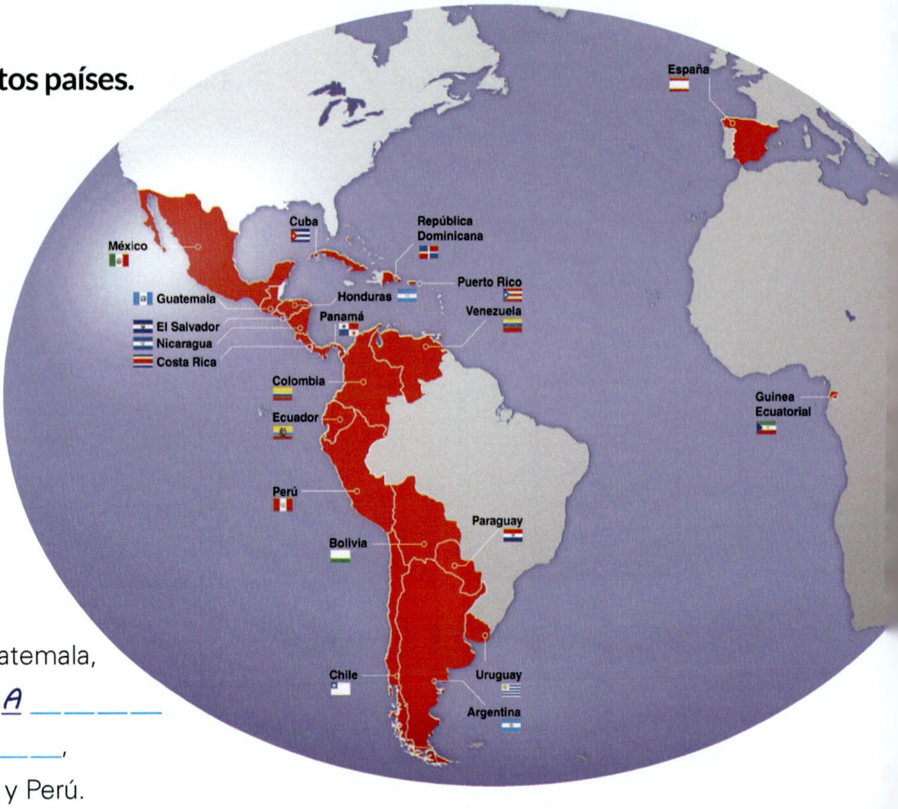

Nicaragua, Argentina, Costa Rica, Guatemala,
Venezuela, Puerto Rico, México y P A _____
El Salvador, Honduras, _____,
Uruguay, Paraguay, _____, Chile y Perú.
República Dominicana y Guinea Ecuatorial
y que no se te olviden los que vienen al final.
Colombia y _____ y, por supuesto, _____
son los países en el mundo donde se habla el español.

 **8.1** Escucha la canción y comprueba tu respuesta.
Pista 3

9 Este es un grupo de WhatsApp de fans de Camila Cabello. Lee y completa.

René es de ....

Valeria es de ....

Luis es de ....
y ....

Sara es de ....
y la familia es de ....

Megan es de ....

Megan vive en ....

Fans de Camila Cabello
Caro, Luis, Megan, R...

Caro
¡Hola! Soy Caro, de Colombia :)

René
Hola, chicos. Yo soy René y soy cubano 👋

Valeria
Yo soy Valeria y soy mexicana 🇲🇽

Luis
¡Hola a todos! Me llamo Luis y soy mitad peruano, mitad boliviano.

Sara
¡Qué guay! Yo soy Sara, soy española. Mi familia es venezolana.

Megan
Yo soy Megan y soy uruguaya. Vivo en Argentina.

Caro
¡Guau! ¡Camila tiene fans en todo el mundo!

  Escucha y repite las letras del alfabeto.

Pista 4

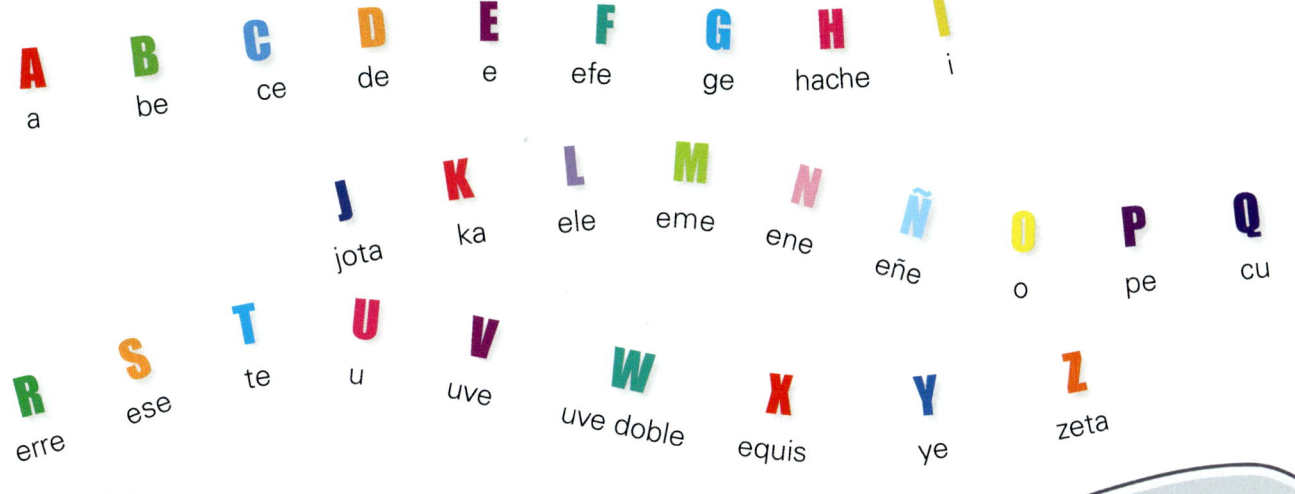

  Rodea con un círculo la letra que escuchas.

Pista 5

12 Relaciona el país y la capital. Busca en internet si tienes dudas.

a. Venezuela — ☐ Bogotá
b. Colombia — ☐ Madrid
c. Chile — ☐ Santiago de Chile
d. Ecuador — ☐ Caracas
e. España — ☐ Quito

> La **Y** tiene dos nombres en español: *i griega* o *ye*

¿Cuál es la capital de Argentina?

Buenos Aires es la capital de Argentina.

12.1 ¡Bingo! Escribe el nombre de 8 países hispanohablantes. Después, juega al bingo. Tu profe dice el nombre de un país. Si lo tienes, ~~táchalo~~.

profesor/a = *profe*

once 11

¿Cómo se dice?

13 Completa.

| un bolígrafo | un lápiz | un estuche | un ordenador | un cuaderno | una mochila |
| una silla | una mesa | una goma | un rotulador | una pizarra | unos libros |

1. __ l _____   2. __ b _____   3. ____ m ____   4. ____ m _____

5. ___ o _____   6. ____ s _____   7. __ c _____   8. _____ _____ s

9. ____ g ____   10. __ r _____   11. __ e _____   12. ____ p _____

13.1 Busca seis palabras.

> bolígrafo = *boli*
> rotulador = *rotu*

O	R	D	E	N	A	D	O	R
Q	L	I	B	R	O	A	S	D
A	Q	E	Y	H	N	Q	F	P
P	I	Z	A	R	R	A	G	U
C	L	F	H	M	E	S	A	E
H	P	G	M	H	D	I	I	T
B	I	O	O	T	A	L	L	A
M	Z	M	G	V	U	L	L	J
I	K	A	S	D	C	A	A	N

¡A jugar!

14 Se eligen 4 alumnos: 2 salen de clase (alumno A y alumno B) y los otros 2 ponen a cada compañero el nombre de un objeto de la clase (lápiz, mochila, cuaderno, etc). Entran los dos alumnos (A y B) y todos sus compañeros están de pie. Los alumnos A y B tienen que decir las palabras del vocabulario que recuerdan, y el resto se va sentando cuando escucha su objeto.

15 Observa y aprende.

¿Cómo se escribe?   ¿Puedes repetir?   ¿Cómo se dice *hello*?   ¿Qué significa *adiós*?

16 Completa los diálogos con las frases de la actividad 15.

1. ▲ Abrimos el libro, página once.
   ● ....
   ▲ Sí, claro. Abrimos el libro, página once.
   ● Gracias.

2. ▲ Escribimos en el cuaderno: pizarra.
   ● ....
   ▲ pe - i - zeta - a - doble erre - a

3. ● ....
   ▲ Se dice hola.

4. ● ....
   ▲ Uf, hay muchas nacionalidades en la clase.
   A ver, significa: *ciao, see you later, au revoir, até logo...*
   ● Muchas gracias.

¿Qué significa?
– Gracias: _____
– Por favor: _____

16.1 Escucha el audio y comprueba.

16.2 Coge una de las fichas de ¡A jugar! - Unidad 0 de Blinklearning y, con mímica, explica la frase a tus compañeros. ¡Gana el equipo que más frases adivina!

17 Mira las palabras y practica con tu compañero.

¿Qué significa *sacapuntas*?

¿Puedes repetir, por favor?

– ¿Cómo se escribe libro?
– Ele - i - be - erre - o.

trece 13

¿Cómo se dice?

18 Escucha a tu profesora. Después, lee los números en voz alta.

Los números del 0 al 20

0 cero	
1 uno	**11** once
2 dos	**12** doce
3 tres	**13** trece
4 cuatro	**14** catorce
5 cinco	**15** quince
6 seis	**16** dieciséis
7 siete	**17** decisiete
8 ocho	**18** dieciocho
9 nueve	**19** diecinueve
10 diez	**20** veinte

19 Separa y escribe con cifras los números.

seis diecisiete uno siete quince cuatro

nueve veinte trece diez uno ocho cinco

+ se lee **más**
− se lee **menos**
= se lee **igual**

19.1 Completa.

Tres + cinco = *ocho*

Quince − tres = ...

Nueve − dos = ...

Diecinueve + cero = ...

Seis + once = ...

¡A jugar!

20 Escribe los números del 0 al 20 en papelitos y métalos todos en una bolsa. Jugamos en dos equipos: un alumno se levanta, saca un número de la bolsa y lo dice en español (por ejemplo: 12 = ¡doce!). Si lo dice correctamente, su equipo suma un punto. Gana el equipo que tiene más puntos. ¡Buena suerte!

14 catorce

¡Hola! ¿Qué tal?

Vamos a aprender a...

- ☑ saludar
- ☑ presentarnos
- ☑ despedirnos
- ☑ pedir y dar información personal

»»» ¡Empezamos!

  Escucha y relaciona cada texto con la foto correspondiente.

Pista 8

1. ☐ E
- – ¡Hola, Adriana!
- – ¡Hola! Buenos días, Paula.

2. ☐
- – ¿Cuántos años tienes?
- – **Tengo** 11 años. ¿Y tú?
- – Yo **tengo** 13 años.

3. ☐
- – ¡Hasta luego, Miguel!
- – ¡Chao, Dani!

4. ☐
- – ¿Cómo te llamas?
- – **Me llamo** Caroline.
- – ¿De dónde eres?
- – **Soy** francesa, ¿y tú?
- – Yo **me llamo** Juan David, y **soy** colombiano.

5. ☐
- – ¿Cómo te llamas?
- – **Me llamo** Carlos Martín López.

En español, las preguntas empiezan por ¿ y terminan con ?

quince **15**

¡Hola! ¿Qué tal?

2 ¿Qué significan estas frases? Comenta con tu compañero.

1. ¿Cómo te llamas? ....
2. ¿De dónde eres? ....
3. ¿Dónde vives? ....

3 Completa. Después, escucha el audio y comprueba. *(Pista 9)*

▲ .... , ¿esta es la clase de 1.º A?

● Sí, hola. ¿Cómo te llamas?

▲ .... Jack.

● Hum... Jack no es un nombre español. ¿De .... eres?

▲ .... irlandés.

● ¿Cuántos años tienes?

▲ .... 11 años. ¿Y tú?

● Yo tengo 12.

Interrogativos

—¿**Dónde** vives?
— Vivo en México.

—¿**De dónde** eres?
— Soy de Francia.

—¿**Cómo** te llamas?
— Me llamo Sergei.

—¿**Cuántos** años tienes?
— Tengo 16 años.

—¿**Qué** significa adiós?
— Significa: ciao, see you later, au revoir, até logo…

Origen
¿De dónde eres?
Soy peruano
Soy de Perú

3.1 Ahora completa el carnet de estudiante de Jack.

ESTUDIANTE

Nombre:
Nacionalidad:
Edad:

Consulta los verbos **ser**, **tener** y **llamarse** en las páginas 106 y 107 del libro.

3.2 Relaciona cada pronombre con su verbo.

yo ○   ○ te llamas
tú ○   ○ soy
yo ○   ○ tienes
yo ○   ○ eres
tú ○   ○ tengo
tú ○   ○ me llamo

4 ¡Ahora tú! Completa las preguntas con los interrogativos y responde con tus datos.

1. ¿.................. te llamas? ....
2. ¿.................. eres? ....
3. ¿.................. significa *adiós*? ....
4. ¿.................. vives? ....
5. ¿.................. años tienes? ....

16 dieciséis

5 Relaciona cada pregunta con la respuesta adecuada.

1. ¿Cómo te llamas?
2. ¿Cómo se escribe?
3. ¿Cómo se llama tu profesora?
4. ¿Eres español?
5. ¿Dónde vive Jack?
6. ¿De dónde eres?

a. No, soy alemán.
b. Se llama Belén López.
c. Me llamo Andrea.
d. Vive en Sevilla.
e. A-ene-de-erre-e-a.
f. Soy de Salamanca.

¡Fíjate!
Los interrogativos siempre llevan tilde:
¿cómo...? ¿dónde...? ¿qué...?

6 ¿Quién es quién? Lee y relaciona las fotos con los textos.

A. ¡Hola! Me llamo José Balvin (J Balvin). Soy colombian**o** y tengo 33 años. Vivo en Medellín.

B. ¡Hola! Me llamo Penélope Cruz. Soy español**a** y tengo 44 años. Vivo en Madrid.

6.1 Ahora responde a las preguntas.

a) ¿Cómo **se llama** ella? ....
b) ¿De dónde **es**? ....
c) ¿Dónde **vive**? ....

a) ¿Cómo **se llama** él? ....
b) ¿De dónde **es**? ....
c) ¿Dónde **vive**? ....

7 Él es colombiano, ella es colombiana.

En la actividad 6: ¿por qué crees que colombiano acaba en -o y española acaba en -a?
Mira estas fotos y lee la norma:

Ella es colombian**a**.

Él es colombian**o**.

Género
→ En español las palabras son:
– masculinas: normalmente terminadas en -o.
– femeninas: normalmente terminadas en -a.
→ Algunas palabras masculinas o femeninas terminan en consonante.

diecisiete 17

Mi cuaderno de vocabulario

8 Busca y colorea.

El ordenador: amarillo | Los lápices: verde | Los rotuladores: azul | Los libros: rojo

La mochila: rosa | Las tijeras: naranja | El pegamento: marrón | La pizarra: gris

Género
→ En español las palabras son:
- masculinas: normalmente terminadas en *-o*.
- femeninas: normalmente terminadas en *-a*.

→ Algunas palabras masculinas o femeninas terminan en consonante.

Número
→ Las palabras terminadas en vocal añaden *-s*:
   un libro → unos libros
   una silla → unas sillas

→ Las palabras terminadas en consonantes añaden *-es*:
   ordenador → ordenadores
   lápiz → lápices

Los colores

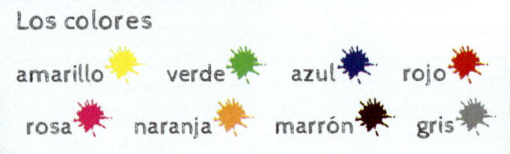

Hay…
→ Se usa para expresar existencia:
   *En la clase **hay** una pizarra digital.*

→ Se utiliza con nombres en singular y en plural:
   Hay un ordenador.
   Hay 5 ordenadores.

→ Aparece con:
   "un/una, unos/unas":
   Hay un libro. **Hay** unos libros.
   "un, dos, tres…":
   Hay tres bolígrafos, cuatro lápices, cinco cuadernos.

9 Escribe en plural.

1. una mesa: *unas mesas*
2. un rotulador: ....
3. un bolígrafo: ....
4. un pegamento: ....
5. un lápiz: ....

10 Completa y compara con tu compañero.

En mi clase hay un ....,
una ....,
unos .... y unas ....

En mi clase hay dos ....

En la clase hay .... chicas,
.... chicos
y .... mesas.

¡A jugar!

11 En parejas, juega con tus compañeros al "Veo, veo" con los objetos de la clase.

– Veo, veo...
– ¿Qué ves?
– Es de color verde.
– ¡El estuche!
– No.
– ¡La pizarra!
– ¡Sí!

12 Relaciona.

País	Nacionalidad (masculino / femenino)	Idioma
Francia	italiano / italiana	inglés / francés
Italia	inglés / inglesa	inglés
Canadá	francés / francesa	francés
Portugal	portugués / portuguesa	italiano
Inglaterra	canadiense / canadiense	portugués
China	griego / griega	japonés
Turquía	chino / china	inglés
Japón	estadounidense / estadounidense	chino
Grecia	japonés / japonesa	turco
Estados Unidos	turco / turca	griego

¡Ojo!
Canadá => canad**iense**
Estados Unidos => estadounid**ense**

13 Imagina que eres de otro país. Elige un nombre, dibuja la bandera y preséntate.

¡Hola! **Me llamo** Michael. **Soy de** Chicago, **soy** estadounidense y **hablo** inglés.

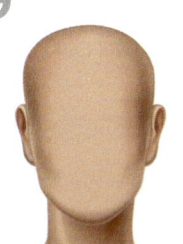

¡Hola! ....

Escribimos, decimos...

Mayúsculas y minúsculas

En español, los nombres propios empiezan con mayúscula.

Asier **S**uárez **V**ieira es español. **A**driana es española. **M**adrid es la capital de **E**spaña.

14 Completa las palabras.

__ópez, __arís, __izarra, __elén, __atalia, __ucía, __exicano, __abana

diecinueve 19

Mi cuaderno de gramática

Presente de indicativo: llamarse, ser y tener

	Llamarse	Ser	Tener
yo	me llamo	soy	tengo
tú	te llamas	eres	tienes
él, ella, usted	se llama	es	tiene

Llamarse se usa para preguntar y decir el **nombre**.
Me llamo Cris.

15 Completa las frases con la forma correcta del verbo *llamarse*.

1. Él .... Juan.
2. ¿Cómo .... tu amigo?
3. Yo .... María.
4. ¿Cómo .... tú?
5. Mi padre .... Antonio, mi madre .... Julia y yo .... Carlos.

16 Completa las frases con la forma correcta del verbo *ser*.

1. ¿De dónde .... Justin Bieber?
2. —¿ .... mexicano?
   — No, yo no .... mexicano, ... cubano.
3. Mi profesora de inglés .... estadounidense, de Nueva York.
4. Yo .... de Turquía.
5. Usted .... italiano, Sophie .... francesa y yo .... español.

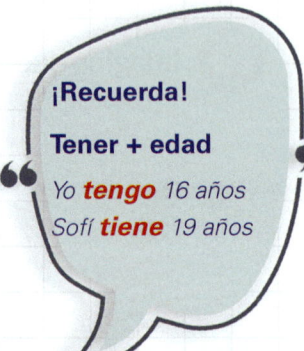

¡Recuerda!
Tener + edad
Yo tengo 16 años
Sofí tiene 19 años

17 Completa las frases con la forma correcta del verbo *tener*.

1. Yo .... un libro y unos cuadernos en mi mochila.
2. Mi hermano .... seis años.
3. ¿ .... (tú) un bolígrafo rojo?
4. Miguel .... dos preguntas.
5. Yo .... diez años, tú .... once y Fernando .... trece años.

18 Forma frases relacionando un elemento de cada columna. Puedes tener diferentes opciones.

Tú	se llama	Jorge.
Mi profesor	eres	dos bolígrafos.
Yo	tengo	profesor.
Tú	es	Marta.
Martín	tienes	una goma verde.
Yo	me llamo	mexicano.
Carmen	tiene	ocho años.
Tú	soy	portugués.
Yo	te llamas	David.

19 Sustantivos y adjetivos: género y número. Lee la norma y completa la tabla.

El género

Masculino

- Los sustantivos que terminan en -o son generalmente masculinos:
  un cuaderno, un ...., un ....

- Los adjetivos que terminan en -o son generalmente masculinos:
  Él es mexicano / Hay un libro blanco

Femenino

- Los sustantivos que terminan en -a son generalmente femeninos:
  una pizarra, ..., ...

- Los adjetivos que terminan en -a son generalmente femeninos:
  Ella es española / Hay una silla roja

El número

Plural

- Las palabras que terminan en vocal añaden -s:
  cuaderno → cuadernos.
  bolígrafo → ....

Plural

- Las palabras que terminan en consonante añaden -es:
  ordenador → ordenadores.
  rotulador → ....

El artículo indefinido

→ Se utiliza cuando hablamos por primera vez de algo o cuando lo presentamos sin especificar:

En la mesa hay un cuaderno.
¿Tienes un bolígrafo?

→ El artículo indefinido concuerda en género y número con el sustantivo:

En la clase hay una pizarra.
En la mesa hay unos libros.

20 Completa la tabla.

SINGULAR		PLURAL	
Masculino	Femenino	Masculino	Femenino
brasileño	brasileña	brasileños	
cubano			
		búlgaros	
			holandesas
venezolano			
	rusa		

	Masculino	Femenino
singular	**un** lápiz	**una** goma
plural	**unos** rotuladores	**unas** mochilas

21 ¡Qué desorden!

Elige qué hay en una mochila y escribe frases en tu cuaderno usando: un / una / unos / unas.

goma   lápices   mexicano   libros   italianos

carpeta   bolígrafos   móvil   Canadá   cuadernos

sacapuntas   cubanos   estuche   francesa   regla

CONECTA2

1 Lee y contesta.

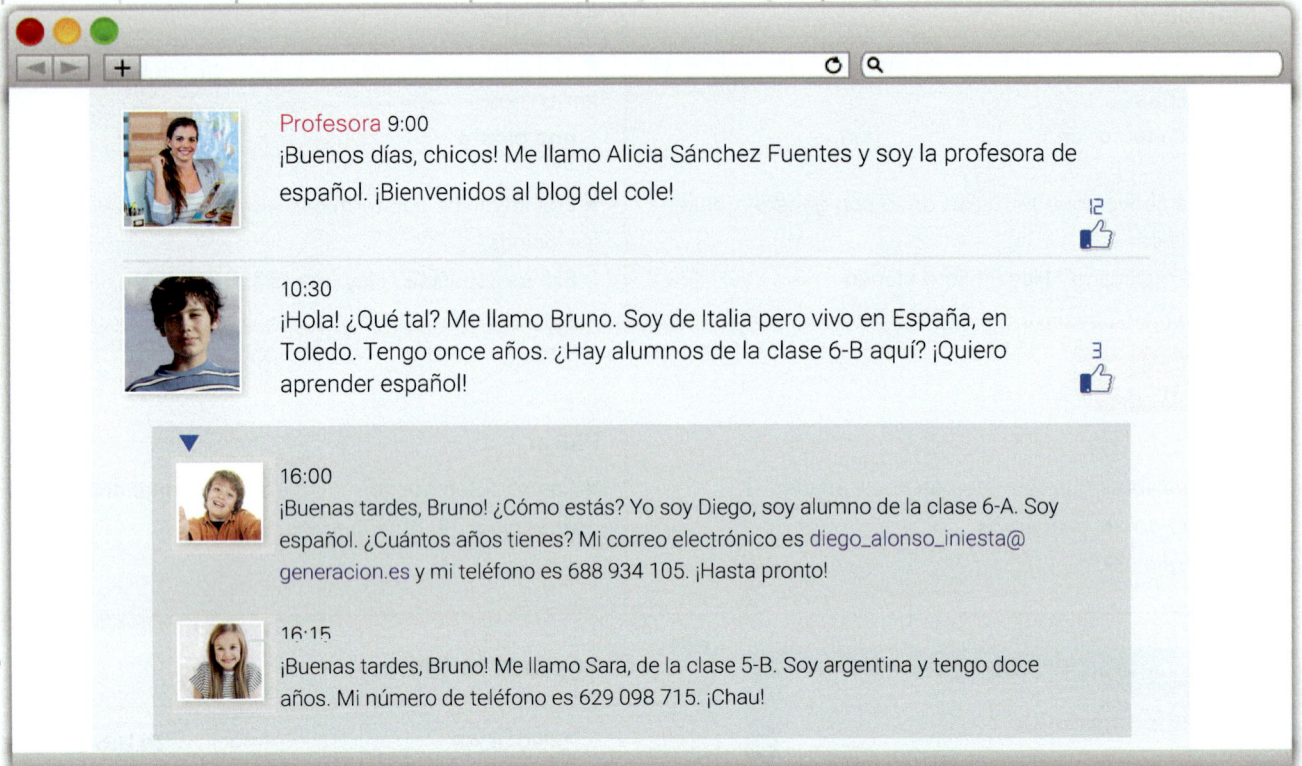

1. ¿Cuántos años tiene Sara? *Sara tiene doce años.*
2. ¿De dónde es Bruno? ....
3. ¿De dónde es Sara? ....
4. ¿Cuál es el teléfono de Diego? ....
5. ¿Dónde vive Bruno? ....
6. ¿Cuántos años tiene Bruno? ....

1.1 Lee otra vez el diálogo anterior y clasifica.

22 veintidós

▷ **Bruno quiere aprender español.**
En el chat del "Blog del Cole", Diego y Sara ayudan a Bruno a conocer más sobre la cultura hispánica.

2 Escribe las palabras del cuadro en el país que corresponde.

~~Madrid~~ | el mate | la Sagrada Familia | el flamenco | Buenos Aires
Pablo Picasso | el Obelisco | Jorge Luis Borges | la paella | el tango

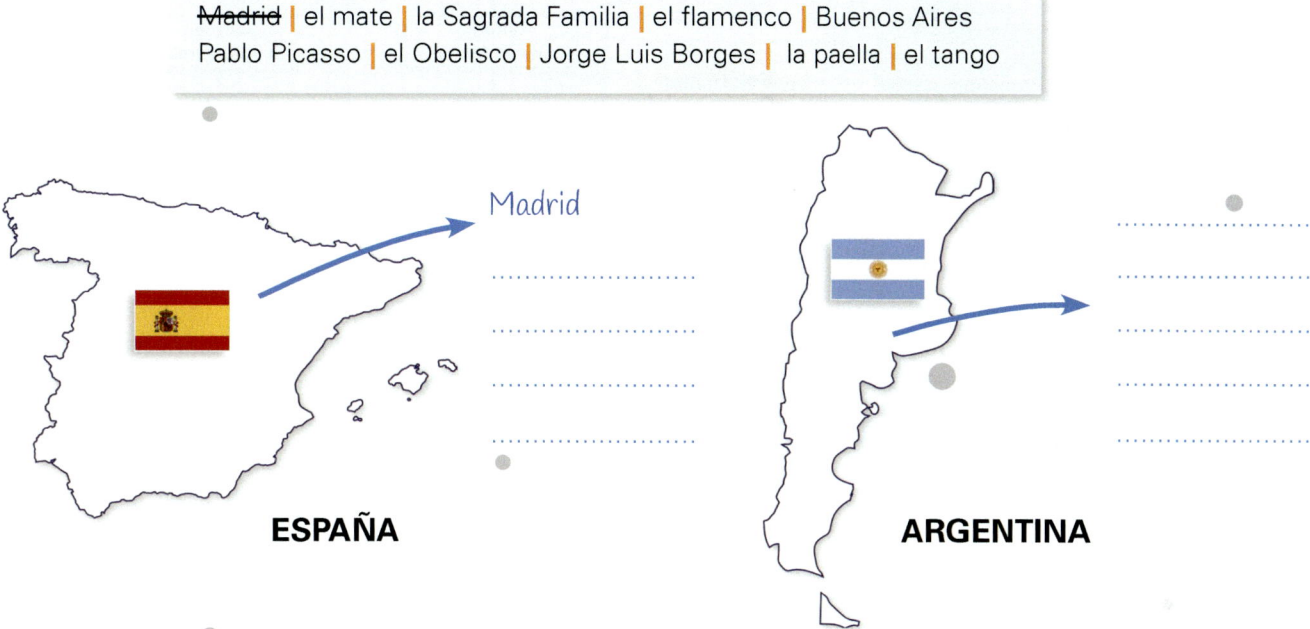

ESPAÑA   **ARGENTINA**

3 ¿Qué dicen Diego y Sara? Completa su conversación con la información de la actividad anterior.

Diego

¡Hola, Bruno! Soy Diego y te presento algunas cosas interesantes de mi país.

.... es la **capital** de España. Está en el centro del país.

.... es un **monumento** muy importante que está en Barcelona.
La .... es una **comida típica** española y el .... es un **baile** español muy famoso.

.... es un **artista** español muy conocido.

Sara

¡Hola, Bruno! ¿Qué tal? Soy Sara y quiero presentarte algunas cosas interesantes de mi país.

.... es la **capital** de Argentina y es una ciudad muy bonita.

.... es un **monumento** muy importante que está en Buenos Aires.
El .... es una **bebida típica** argentina y el .... es un **baile** argentino muy popular.

.... es un **famoso escritor** de mi país.

4 ¡Ahora tú! Presenta a Bruno algunas cosas importantes de tu país como hacen Diego y Sara.

¡Hola! ....
....

¡QUÉ INTERESANTE!

1 Lee y contesta.

▶ Los españoles tienen dos apellidos.

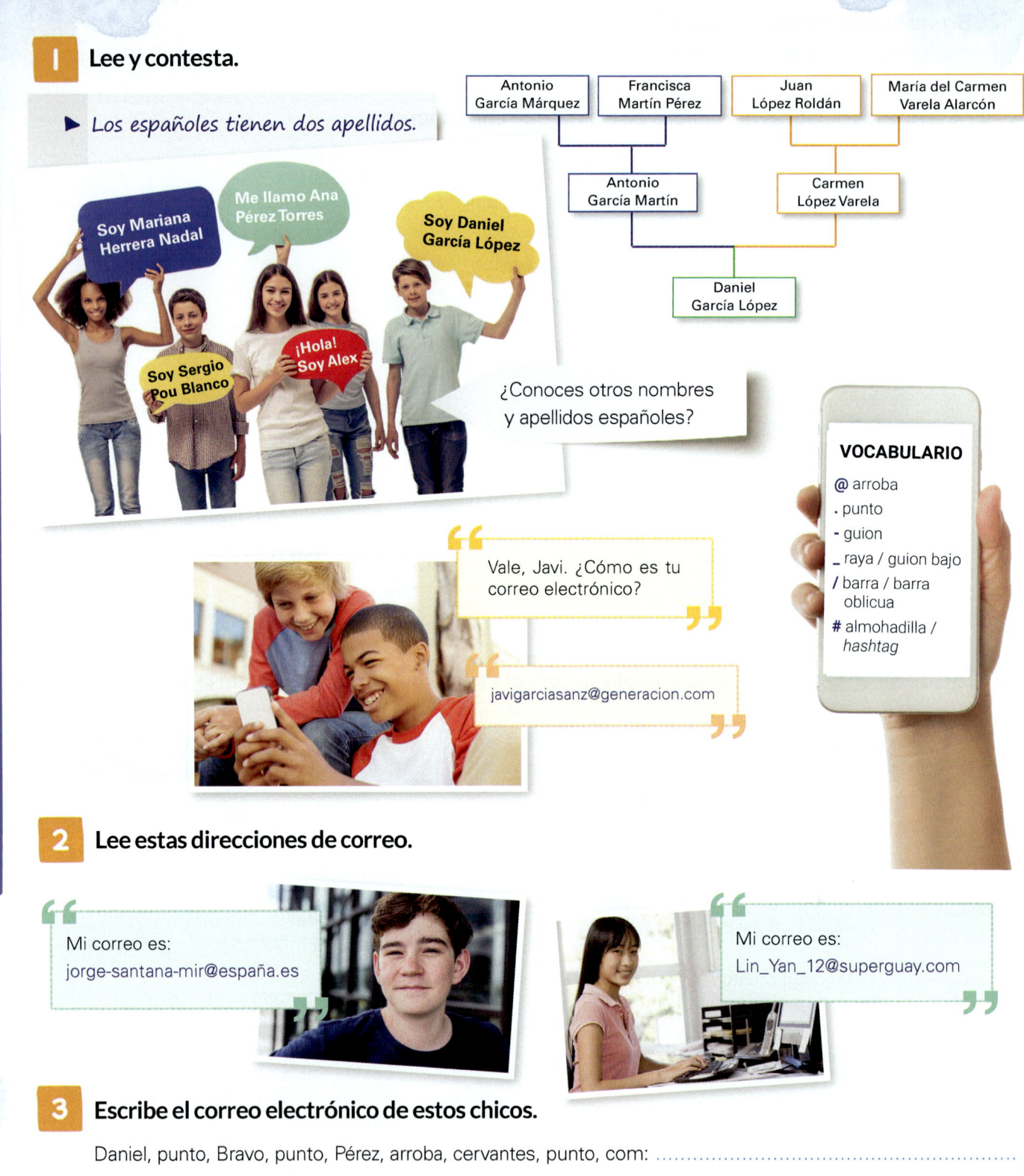

¿Conoces otros nombres y apellidos españoles?

VOCABULARIO

@ arroba
. punto
- guion
_ raya / guion bajo
/ barra / barra oblicua
almohadilla / hashtag

Vale, Javi. ¿Cómo es tu correo electrónico?

javigarciasanz@generacion.com

2 Lee estas direcciones de correo.

Mi correo es:
jorge-santana-mir@españa.es

Mi correo es:
Lin_Yan_12@superguay.com

3 Escribe el correo electrónico de estos chicos.

Daniel, punto, Bravo, punto, Pérez, arroba, cervantes, punto, com: ....

Ana, raya, Romero, raya, once, arroba, Madrid, punto, es: ....

Elena, punto, doce, arroba, gmail, punto, com: ....

4 Dile tu correo a tu compañero (¡puedes inventarlo!) y él lo escribe. Después escribe tú el correo de tu compañero.

Mi correo:

El correo de mi compañero:

24 veinticuatro

1 ¿Cuántos hay?

Hay cinco bolígrafos. ....

2 Tacha la palabra diferente.

lápiz	nombre	venezolano
bolígrafo	silla	estuche
~~arroba~~	apellidos	mochila

chao	sacapuntas	azul
buenos días	goma	once
adiós	rojo	marrón

3 Relaciona los pronombres personales con las fotos.

Él   Yo   Ella   Tú

4 Ordena las preguntas y escríbelas en tu cuaderno.

1. llamas / te / ¿ / ? / Cómo
2. ¿ / significa / Qué / ? / libro
3. años / tienes / ¿ / Cuántos / ?
4. repetir / ¿ / Puedes / ?
5. ¿ / dónde / eres / ? / De
6. Cómo / ¿ / se / ? / escribe
7. en / ¿ / ? / Qué / clase / hay / la

5 Relaciona las preguntas anteriores con estas respuestas.

a. Libro significa book.
b. Sí, claro.
c. Pe-i-zeta-a-doble erre-a.
d. Me llamo Yolanda.
e. Soy peruana.
f. Tengo doce años.
g. Hay un ordenador, seis libros y tres cuadernos.

 6 Escucha el audio y completa.
Pista 10

	Nombres	Apellidos	Nacionalidad	Edad
1	Sophie	Blondel		
2	Tomek	Nowak		
3	Adriana		brasileña	

veinticinco **25**

¡REPASO!

7 Coloca el artículo correspondiente (un, una, unos, unas).

.... mesa   .... lápices   .... estuche
.... compañero   .... tijeras   .... pizarra

8 Rodea la opción correcta.

1. En la mesa hay (unos) / una libros azules y un / unas cuaderno verde.
2. ¡Hola! Me llamo Ogün. En mi clase hay veinte / unos sillas para los alumnos y una silla para la profesora.
3. En mi habitación hay una / dos mesa, un / unos ordenador y unos / unas libros.

9 Completa con el pronombre correcto (yo, tú, él, ella).

1. .... me llamo Luis.
2. .... se llama Ana.
3. .... vives en Lima.
4. .... se llama Jose y es chileno.
5. .... tengo trece años.
6. ¿.................... es peruana?

10 Completa las frases con la forma correcta de los verbos *llamarse*, *ser* y *tener*.

1. Hola, ¿qué tal? Yo .... Hans. .... alemán de Berlín y .... quince años.
2. ¡Hola! Este es mi amigo. .... Cristian. .... irlandés, de Dublín y .... veinte años.
3. Tú .... Luis. .... peruano de Lima y .... dieciocho años.
4. Mi hermana .... Ana. .... española de Sevilla. .... catorce años.

11 Escucha la presentación de Celia y marca verdadero (V) o falso (F).
Pista 11

¡Hola a todos! Me llamo Celia y tengo trece años. Soy colombiana pero vivo en Buenos Aires con mi familia. Soy estudiante. Mi madre se llama Azahara y mi padre se llama Sergio. Tengo un gato que se llama Negrito. Mi color favorito es el rojo.

	V	F
Celia es de Buenos Aires.		
Vive con su familia.		
Tiene 13 años.		
Tiene una gata.		
Su color favorito es el rojo.		

Mis palabras favoritas de esta unidad

1. ....   4. ....
2. ....   5. ....
3. ....   6. ....

En la clase

Vamos a aprender a...

- ☑ describir el colegio
- ☑ preguntar dónde está un lugar
- ☑ decir los días de la semana
- ☑ explicar nuestros horarios de clase
- ☑ hablar de las asignaturas

》》》 ¡Empezamos!

  Escucha y relaciona cada texto con la foto correspondiente.
Pista 12

1. ☐
Ainara **está** en la clase de **Matemáticas**.

2. ☐
– ¿Qué **hay** en la clase?
– En la clase **hay** una pizarra digital, una mesa y cinco sillas.

3. ☐
– ¿**Dónde están** Paula y Ana?
– **Están** en la biblioteca.

4. ☐
El gimnasio del cole **es** amarillo y azul, y **está** en la segunda planta.

5. ☐
En la mesa hay **muchos** lápices.

veintisiete 27

»»» EN LA CLASE

2 Escucha el diálogo. Después, lee y pon atención en las palabras verdes. ¿Qué significan?

Pista 13

Profesor: ¡Hola, chicos! Hoy es el primer día de clase. Vamos a conocer nuestro colegio. Vamos a la biblioteca que está en la primera planta. En la biblioteca hay **muchos** libros y **unas** revistas de National Geographic.

María: ¿Hay ordenadores en la biblioteca?

Profesor: Sí, pero hay **pocos** ordenadores. Solo dos. En el aula de Informática hay **muchos** ordenadores.

Carlos: ¡Qué guay! ¿También hay gimnasio?

Profesor: Por supuesto Carlos, en este cole hay **un** gimnasio muy grande.

María: Ah... ¿También hay pelotas y balones para todos?

Profesor: Jaja... ¡Claro, María! Hay **bastantes** pelotas y balones en el colegio.

2.1 Relaciona las frases con las imágenes y completa.

[bastantes]   [muchos]   [pocos]

Hay .... lápices.   Hay .... instrumentos.   Hay .... ordenadores.

3 Completa las frases con la información sobre tu clase. Después, compara con tu compañero.

En mi clase hay un ....

En mi clase hay muchas ....

En mi clase hay pocos ....

En mi clase hay muchos ....

En mi clase no hay ....

En mi clase hay bastantes ....

> **Mucho / bastante / poco + sustantivo**
> = expresa cantidad.
>
> **¡Ojo!** Concuerda con el sustantivo:
> *Much**as** mes**as***
> *Poc**os** libr**os***

28 veintiocho

4 Lee el diálogo y observa la norma.

– En mi colegio **hay** muchas clases, un gimnasio y una biblioteca.
– ¿Y hay una cafetería?
– Sí, **está** en la primera planta.

Hay / Está(n)

→ Utilizamos *hay* para hablar de la existencia.

En mi colegio, hay una biblioteca y un salón de actos.

→ Si queremos decir dónde están la biblioteca y el salón de actos, utilizamos *está/n*.

En mi colegio la biblioteca está en la primera planta. El salón de actos está en la segunda.

En mi colegio la biblioteca y el salón de actos están en la primera planta.

5 El colegio Cervantes: mira el dibujo y completa el texto.

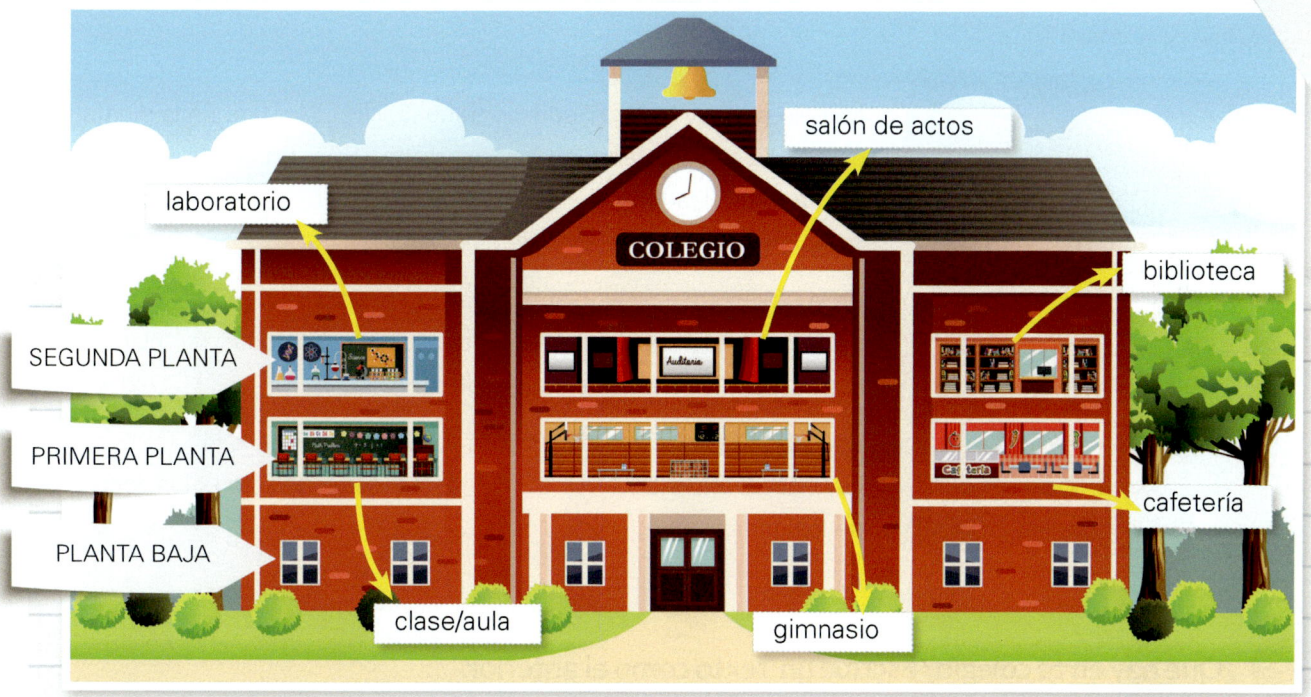

En el colegio Cervantes, _____ un gimnasio, un salón de actos, una biblioteca, una cafetería y un laboratorio. La cafetería _____ en la _____ planta y el gimnasio también. La biblioteca _____ en la _____ planta. El laboratorio y el salón de actos también _____ en la segunda planta. Las clases _____ en la planta baja y también en la primera.

Mi cuaderno de vocabulario

6 Escucha a tu profesor y repite los números ordinales.

- 1 primero / primera
- 2 segundo / segunda
- 3 tercero / tercera
- 4 cuarto / cuarta
- 5 quinto / quinta
- 6 sexto / sexta
- 7 séptimo / séptima
- 8 octavo / octava
- 9 noveno / novena
- 10 décimo / décima

1.º = primero / 1ª = primera
2.º = segundo / 2ª = segunda

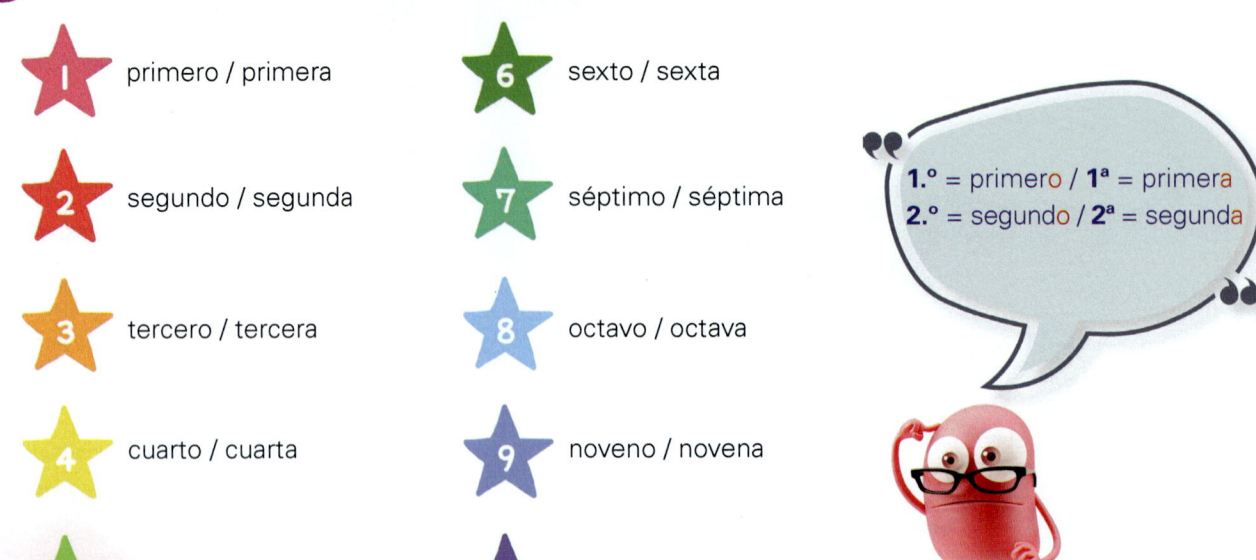

6.1 Ahora lee el texto y escribe los números entre paréntesis.

Mi cole es muy guay. El edificio tiene (5) <u>cinco</u> plantas. En la planta baja está la cafetería y también hay unas escaleras. En la (1ª) .... planta están las clases. Hay muchas clases, (8) .... en total. También está el laboratorio de ciencias.

En la (2ª) .... planta está el gimnasio y (2) .... salas de Informática con bastantes ordenadores. En todas las plantas hay baños, para los alumnos y los profes.

En la (3ª) .... planta está la biblioteca, y en la (4ª) .... hay clases. En la (5ª) .... está el salón de actos y los despachos de los profesores.

7 ¿Qué hay en tu colegio? Escribe un texto como el anterior.

En mi colegio hay... / La clase está... / En la planta baja...

8 Escucha y repite los nombres de las asignaturas. Después, relaciona.

Pista 14

1. Ciencias Naturales ☐
2. Lengua ☐
3. Educación Física ☐
4. Matemáticas ☐
5. Español ☐
6. Informática ☐
7. Ciencias Sociales ☐
8. Plástica ☐
9. Música ☐

a b c
d e f
i j k

8.1 Escucha y escribe en el horario cuándo son las clases de Educación Física y de Matemáticas.

Pista 15

HORA	LUNES	MARTES	MIÉRCOLES	JUEVES	VIERNES
1ª		Ciencias Naturales	Lengua	Informática	Español
2ª	Lengua	Plástica			Plástica
3ª	Música	Español	Ciencias sociales		
RECREO					

8.2 ¡Ahora tú! Pregúntale a tu compañero cuándo son las clases.

" ¿Cuándo es la clase de Plástica? "

" Es el martes y el viernes a segunda hora. "

Ortografía

El sonido /θ/ se representa en español mediante dos letras:

c + *e, i*: **c**e*bra, Lu**c**ía;

z + *a, o, u*: pi**z**arra, **z**oo, **z**umo.

La letra **z** también puede ir al final de una palabra: *lápiz*.

Escribimos, decimos...

9 Escucha y subraya las letras que representan el sonido /θ/ en estas oraciones.

Pista 16

1. Son las doce.
2. ¡Gracias!
3. En la clase hay una pizarra.
4. Soy Lucía.
5. ¿Tienes un lápiz?
6. En el zoo hay cebras.

10 Completa las siguientes palabras con *c* o *z*.

a. __apato   b. so__iales   c. __ifra   d. pla__o   e. do__e

Mi cuaderno de gramática

Pronombres personales

singular	plural
yo	nosotros/as
tú	vosotros/as
él / ella / usted	ellos / ellas / ustedes

y yo = <u>nosotros/as</u>

y tú = <u>vosotros/as</u>

y = <u>ellos/as</u>

11. Completa las frases con la forma correcta del verbo *ser*.

1. Los estudiantes .... muy inteligentes.
2. Yo .... holandés.
3. – ¿De dónde .... vosotros?
   – Yo .... inglés y Julia .... colombiana.
4. Mónica y Berta .... cubanas.
5. ¿Quién .... tu profesor de Plástica?
6. Vanessa y tú .... estudiantes.
7. ¿................ (tú) el amigo de Carlota?
8. La clase de Español .... muy divertida.
9. Sofía y yo .... estudiantes de sexto grado.

Presente de indicativo: ser y tener

	Ser	Tener
yo	soy	tengo
tú	eres	tienes
él, ella, usted	es	tiene
nosotros/as	somos	tenemos
vosotros/as	sois	tenéis
ellos/as, ustedes	son	tienen

12. Elige la forma correcta del verbo *tener*.

1. Los lunes mi amigo y yo **tengo / tenemos** Ciencias Naturales a primera hora.
2. Tú no **tienes / tenéis** Música los miércoles.
3. Mi padre y mi hermano **tenemos / tienen** un coche verde.
4. ¿Quién **tengo / tiene** un bolígrafo azul?
5. Julio y tú **tienes / tenéis** un proyecto de Matemáticas para mañana.
6. ¿**Tienes / tiene** (tú) correo electrónico?

13. El cole de Vanessa. Ayuda a Vanessa a elegir el verbo correcto.

¡Hola, amigos! ¿Qué tal estáis? Yo **soy / tengo** Vanessa. Os presento mi colegio y algunos de mis compañeros.

Mi cole no **es / tiene** muy grande pero es muy guay. **Es / Tiene** un gimnasio, un jardín, un laboratorio y una biblioteca. También **es / tiene** un aula de Música que **es / tiene** dos pianos, una batería y bastantes maracas. Por cierto, Música **es / tiene** mi asignatura favorita.

En el cole tengo muchos amigos: mi amigo Marko **es / tiene** alemán y **es / tiene** doce años. Su asignatura favorita **es / tiene** Ciencias Naturales. Elissa **es / tiene** italiana. **Es / Tiene** doce años también. Su asignatura favorita **es / tiene** Plástica. En mi clase hay veinte estudiantes y **somos / tenemos** todos muy inteligentes y buenos. 😊

14 Completa el diálogo con la forma correcta del verbo *estar*. Después, escucha y comprueba.

Alicia: ¡Hola, Fernando! ¿.............................. en el colegio?

Fernando: Sí, Alicia. .... en la cafetería. ¿Por qué?

Alicia: Oye, Fernando, los libros de Ciencias Sociales no .... en mi mochila y mañana tengo examen. Creo que .... en el aula. ¿Puedes cogerlos?

Fernando: ¡Claro! Juan .... conmigo también. Ahora vamos.

Presente de indicativo: estar

	Estar
yo	est**oy**
tú	est**ás**
él, ella, usted	est**á**
nosotros/as	est**amos**
vosotros/as	est**áis**
ellos/as, ustedes	est**án**

[Dos minutos después]

Fernando: Oye Alicia, Juan y yo .... en el aula y tus libros no .... aquí.

Alicia: ¡Qué desastre! ¿Pero vosotros .... en la clase de la tercera planta?

Fernando: Sí, pero no .... tus libros.

Alicia: Bueno… Vale. Gracias, chicos. ¡Nos vemos mañana!

Fernando: De nada. ¡Hasta mañana!

→ Utilizamos el verbo *estar* cuando queremos hablar de la ubicación de una persona o una cosa.

Paula y Manuel están en la biblioteca.
La biblioteca está en la primera planta.

15 Lee y completa la regla.

El artículo indefinido

→ Se utiliza cuando hablamos por primera vez de algo o cuando lo presentamos sin especificar:

En la clase hay unas mesas.
¿Puede dejarme un bolígrafo?

SINGULAR		PLURAL	
Masculino	Femenino	Masculino	Femenino
un			unas

El artículo definido

→ Se utiliza cuando el sustantivo no es nuevo para el oyente. También concuerda en género (masculino / femenino) y número (singular / plural) con el sustantivo:

*¿Puede darme **el** bolígrafo negro?*
*Tengo **el** cuaderno de María.*
*Sabes dónde está **la** biblioteca?*
***Las** sillas de mi clase son verdes.*

SINGULAR		PLURAL	
Masculino	Femenino	Masculino	Femenino
el			las

16 Elige la opción correcta.

1. En la biblioteca hay unos / los libros de gramática.
2. Hay una / la goma en mi estuche. Una / La goma es blanca.
3. ¿De qué color es un / el sacapuntas de Maite?
4. ¿Dónde están unas / las aulas de 6° grado?

treinta y tres **33**

CONECTA2

1 Lee la conversación Skype de Bruno y Lucía, después contesta.

Lucía: ¡Hola, Bruno! ¿Qué tal estás?
Bruno: ¡Hola, Lucía! Fantástico 😊, ¿y tú?
Lucía: Un poco aburrida. ¿Qué tal el primer día de clase? ¿Ya sabes tu horario?
Bruno: Sí, ya lo tengo. Tengo Español todos los días 😊.
Lucía: ¡Qué guay! Yo tengo Francés este año. Pero solo los miércoles a última hora.
Bruno: ¿También tienes Educación Física?
Lucía: Claro que sí. Además es mi asignatura favorita. ¿Y la tuya?
Bruno: Mi asignatura favorita es Música. La clase es divertida y la profesora es muy simpática.
Lucía: ¡Qué bien! Pues la clase de Educación Física es buena pero el profesor es muy serio.
Bruno: ¿Ah sí? Mi profesora de Educación Física es genial. Oye, ¿y qué asignaturas tienes mañana?
Lucía: ¿Mañana jueves? Tengo Ciencias Sociales a primera hora, Inglés a segunda y tercera hora, y luego dos horas de Plástica. Después de la comida tengo Historia 😊.
Bruno: ¡Qué guay! Oye, tengo deberes de Español, hablamos después. ¡Chao!
Lucía: Vale, Bruno. ¡Adiós!

1. ¿Qué días tiene Español Bruno? ....
2. ¿A qué hora tiene Francés Lucía? ....
3. ¿Cuál es la asignatura favorita de Bruno? ....
4. ¿Cómo es la profesora de Música? ....
5. ¿Qué asignaturas tiene Lucía los jueves? ....
6. ¿Tiene deberes Bruno para el jueves? ....

1.1 Lee el diálogo anterior y clasifica las palabras.

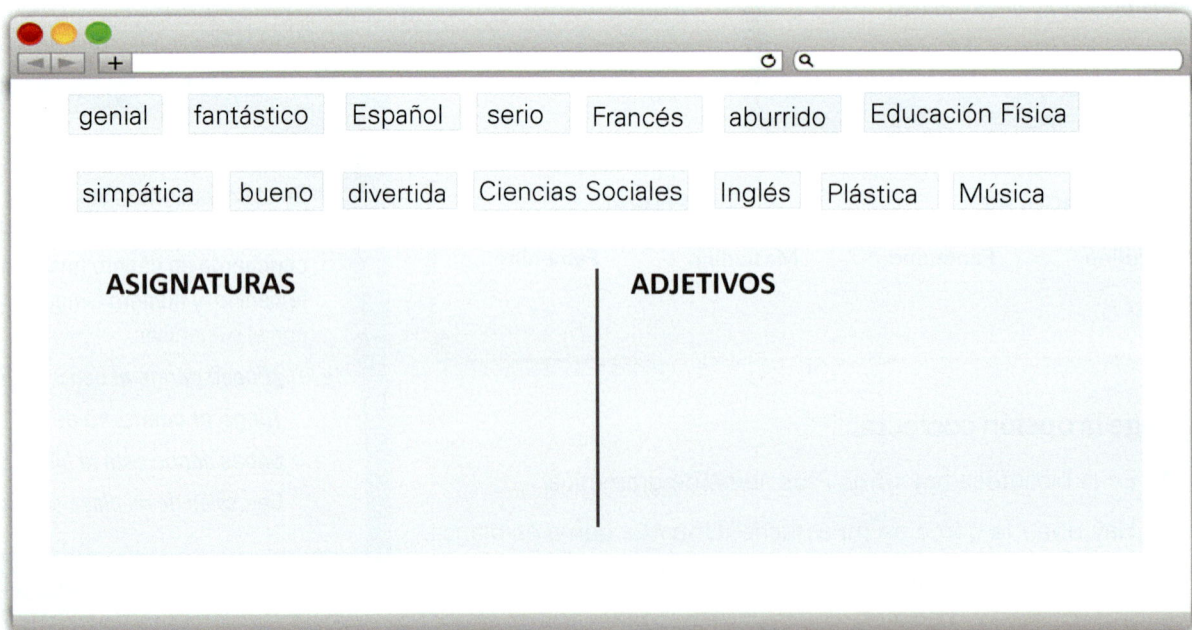

34 treinta y cuatro

1.2 Habla con tu compañero de las asignaturas. Pregunta como en el ejemplo.

> ¿Cómo es Plástica para ti?

> Para mí Plástica es bastante divertida.

2 Este es el horario de Bruno. Léelo y escribe en cada casilla si está bien (✓) o si está mal (✗). Corrige las palabras mal escritas.

	LUNES	MARTES	MIÉRCOLES	JUEVES	VIERNES
primera hora	Ciencias Sosiales ✗ *Ciencias sociales*	Música ✓	Ciencias Naturales	Inglese	Siensias Naturales
segunda hora	Ciencias Sociales	Música	Ciencias Naturales	Inglese	Siensias Naturales
tercera hora	Español	Español	Español	Español	Español
RECREO					
cuarta hora	Plástica	Educación Fícica	Matematica	Español	Lingua
quinta hora	Plástica	Educación Fícica	Matematica	Lingua	Drama
sexta hora	Inglese	Músic	Informática	Lingua	Drama
séptima hora	Inglese	Músic	Informática	Matematica	¡HOY SALIMOS TEMPRANO! 😊

¡A jugar!

2.1 Imagina y escribe tu horario ideal. Después léelo a tu compañero. ¿Cuál es tu asignatura favorita? ¿Por qué?

	LUNES	MARTES	MIÉRCOLES	JUEVES	VIERNES
primera hora					

¡Hola .... ! Este es mi horario ideal. Los lunes a primera ....
....
....

¡QUÉ INTERESANTE!

1 Completa con las palabras correctas.

| semana | lunes | martes | miércoles | jueves | viernes | sábado | domingo |

1. La palabra ………………………… viene del planeta Mercurio.
2. El planeta del amor, Venus, da su nombre al ………………………… .
3. Marte, el planeta rojo, da su nombre al segundo día: el ………………………… .
4. El cuarto día, el ………………………… , toma su nombre del planeta Júpiter.
5. La luna, nuestro satélite, da el nombre al primer día de la semana: el ………………………… .
6. ………………………… viene de la palabra hebrea *shabbat* («día de descanso»).
7. La palabra ………………………… viene de la palabra septimana que, en latín, quiere decir «siete días».
8. ………………………… viene de la palabra latina *dominica*.

2 Lee y completa. Después escucha la canción del cumpleaños.

Pista 18

¡Hola! Me llamo Celia Zamora, …………… 12 años y el jueves es mi cumpleaños, pero la fiesta …………… el sábado por la tarde. En la foto …………… con mi familia en mi cumpleaños del año pasado: están mis padres y mi hermano. También …………… una tarta.

En España y otros países hispanohablantes, los amigos y la familia cantan una canción de cumpleaños: ¡Cumpleaños feliz!

¡Practica la canción con tus compañeros!

Cumpleaños ……………
…………… feliz,
te deseamos todos,
¡Cumpleaños …………… !

36 treinta y seis

1 Completa las frases como en el ejemplo.

1. <u>un</u> estuche → <u>el estuche</u> de Marta
2. ...... goma → .... de Pau
3. ...... ordenadores → .... del cole
4. ...... lápices → .... de Manu
5. ...... tableta → .... de Paula
6. ...... boli → .... de la profe

2 Relaciona las frases con las imágenes.

a) En la foto hay un profesor y unos alumnos. Están en el laboratorio del cole.

b) En la foto hay una profesora y una alumna. Están en la biblioteca y hay **muchos** libros.

c) En la foto los alumnos están en el gimnasio. Hay **bastantes** pelotas para el fútbol.

d) En la foto los alumnos y la profe están en la clase. Hay **pocas** tabletas para los alumnos.

3 Usa el artículo definido correcto + el verbo *ser* y forma frases.

1. pizarra / verde : <u>La pizarra es verde.</u>
2. ordenadores / nuevos: ....
3. pelota / azul: ....
4. gimnasio / grande: ....
5. mesas / marrones: ....
6. libreta / rosa: ....

4 Une las columnas y forma frases.

1. Nosotros
2. ¿Vosotros tenéis
3. Hola, me llamo Cintia
4. ¿Tú
5. Ella
6. Carlos y María

○ eres Carmen?
○ son españoles. Tienen diez años.
○ tenemos catorce años.
○ y tengo trece años.
○ se llama Marcela y es argentina.
○ once años también?

treinta y siete 37

¡REPASO!

5 Ahora ordena las frases. Después, escucha y comprueba.
Pista 19

1. a / Matemáticas / primera / Los / tengo / martes / hora
....

2. mochilas / tú / tenéis / Juan / unas / rojas / y
....

3. Español / La / es / clase / muy / de / divertida
....

4. favorita / asignatura / es / Inglés / Mi
....

6 Algunas frases no son correctas. Encuentra los errores y corrígelos.

1. Los libros están en la mesa.
2. ¿Dónde están las gafas de sol? Las gafas de sol hay en mi bolso.
3. Las niñas están en la terraza y el niño hay en el jardín.
4. La cafetería hay en la primera planta.
5. Mis hermanos son en el parque y mi madre es en casa.
6. En la biblioteca están unos diccionarios, tres ordenadores y muchos libros.

7 Mira la foto, lee el texto y marca si es verdadero (V) o falso (F).

¡Hola! Somos Alberto y Carolina y estamos en el gimnasio del cole.
○ V   ○ F

¿Qué tal? Me llamo Raúl, soy chileno y tengo once años. En la foto, estoy en la biblioteca del cole.
○ V   ○ F

En la clase hay seis alumnos y una profesora. También hay mesas, sillas y una pizarra verde.
○ V   ○ F

Somos Ana, Igor y el profe Fran. Estamos en el aula de Informática, que está en la segunda planta del cole.
○ V   ○ F

Mis palabras favoritas de esta unidad

1. .... 4. ....
2. .... 5. ....
3. .... 6. ....

38 treinta y ocho

¡PREPARO EL DELE ESCOLAR!

TAREA DE COMPRENSIÓN AUDITIVA

Instrucciones

Pista 20 — Vas a escuchar a una chica, Celeste, que habla de sus profesores en el colegio. La información se repite dos veces. A la izquierda están los nombres de los profesores. A la derecha, la información sobre ellos. Relaciona los números (1 - 8) con las letras (A - L).

Hay doce letras, incluido el ejemplo. Selecciona ocho.

Ahora vas a escuchar un ejemplo.

Álvaro, el profesor de Geografía e Historia, es de La Habana, la capital de Cuba, pero vive en Madrid.

La opción correcta es la letra **C**.

0	Álvaro	C
1	Carmen	
2	Inma	
3	Juan	
4	Fernando	
5	Francisco	
6	Sonia	
7	María José	
8	Ana	

A	La clase es en el gimnasio.
B	Su clase está en la segunda planta.
C	Es cubano.
D	Hay pocos ordenadores en su clase.
E	Tiene clases todos los días menos los jueves.
F	No es español.
G	Es mexicano.
H	En la clase hay una pizarra digital.
I	Su clase son los viernes a primera hora.
J	En la clase hay muchos instrumentos.
K	Su clase es los lunes a primera hora.
L	Hay muchos libros en esta asignatura.

TAREA DE EXPRESIÓN ORAL

Instrucciones

Debes hacer tu presentación personal durante **1 o 2 minutos** a un compañero.
Puedes hablar sobre los siguientes aspectos:

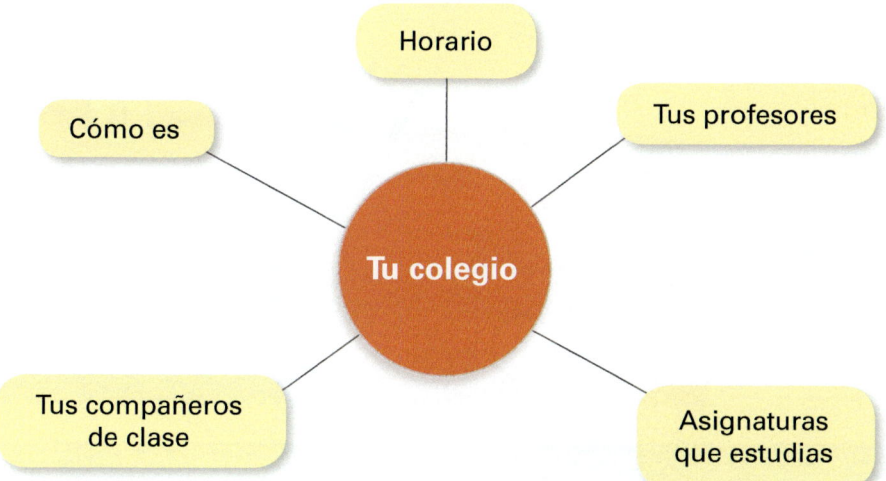

- Horario
- Tus profesores
- Cómo es
- Tu colegio
- Tus compañeros de clase
- Asignaturas que estudias

¡Qué guay!
Serpientes y escaleras

Instrucciones:
Tira el dado y avanza el número que marca. Si aciertas la pregunta de la casilla, puedes volver a tirar una vez. Si fallas, pierdes el turno.

---

42. Lee sin equivocarte:
Cruza las piernas, cruza los brazos y si trabajas mucho, te doy un abrazo.

43. Di en singular:
Las profesoras son colombianas.

44. ¿De dónde eres?

45. Él ..... Miguel y ..... once años
a) se llama / tien
b) tengo / es
c) es / tengo

41. En mi colegio hay *un / el* gimnasio, *un / el* laboratorio y *una / la* cafetería.

40. ¿Cómo se dice 8º en español?

39. ¿Cuál es diferente?
Brasileño - chileno - España - cubano

28. Di los días de la semana.

29. ¿Cuántos años .... Ana y Luisa?
a) tiene
b) tenéis
c) tienen

30. ¿Tienes correo electrónico? ¿Cómo es?

31.

27. ¿Cómo se dice 5º en español?

26.

25. ¿Qué días tienes Música?

24.

14. En mi mochila hay ..... libros y ..... estuche.
a) una / unas
b) unos / unas
c) unos / un

15. Di en plural:
Mi padre es cubano.

16. ¿............. eres?
a) Dónde
b) De dónde
c) Cuándo

17.

13. ¿Cómo ..... tu amigo?
a) me llamo
b) te llamas
c) se llama

12. ¿De qué color es la pizarra de tu clase?

11. ¿Ocho + nueve?

Messi .... argentino.
a) es
b) se llama
c) tiene

INICIO

1. ¿Cómo te llamas?

2. ¿Cómo estás hoy?

Si caes en una escalera y aciertas, avanzas hasta el final de la escalera.
Si caes en una cabeza de serpiente, retrocedes hasta la cola.
¡Buena suerte!

META (50)

49. ¿Cuál es tu palabra favorita en español?

48. ¿Dónde *están* / *hay* los diccionarios de francés?

47. ¿Cuál es diferente? Música - martes - Educación Física

46. ¡Pierdes un turno!

45.

38.

37. ¿Vosotros ..... (ser) españoles o portugueses?

36. Di en plural: El bolígrafo es negro.

35. Trabajo con números en clase de ....
a) Lengua
b) Matemáticas
c) Dibujo

34. Primero, ..., tercero y ....

33. Adivina el color: B _ _ N _ _

32. Lee sin equivocarte: Pepe Cuito contó de cuentos un ciento, y un chico dijo contento: ¡cuántos cuentos!

¿Cuál es tu día favorito?

¿Dónde *hay* / *está* el gimnasio?

23. ¿Qué clase tienes los martes a primera hora?

22. ¿Cuál es tu asignatura favorita?

21.

20. En la .... hay muchos libros.
a) gimnasio
b) patio
c) biblioteca

19. Avanza tres casillas.

18. María y Juan ..... mexicanos.
a) se llaman
b) son
c) tienen

10.

9. Retrocede cuatro casillas.

8. ¿Cuál es diferente? lápiz - adiós - regla - goma

7. ¿Cómo se dicen estos números en español? 5, 15, 19

6. ¿Qué significa *mochila*?

5. Deletrea tu nombre.

4. ¿Cuál es tu color favorito?

3. ¿Dónde vives?

UN COLE MUY GUAY

En pequeños grupos, cread un folleto para presentar vuestro cole ideal.

¡LLUVIA DE IDEAS!

Primero imaginad cómo es vuestro cole ideal: el nombre, qué aulas hay, qué cosas hay en la clase, de qué colores, cuál es tu horario, etc, y escribidlo.

¡MANOS A LA OBRA!

Cread el folleto para presentar el colegio a vuestros compañeros: escribid las descripciones, dibujad o utilizad fotos. Podéis hacerlo con el ordenador, con una cartulina o como un libro. ¡También podéis hacer una maqueta!

3, 2, 1… ¡ACCIÓN!

Presentad vuestro colegio ideal al resto de la clase. También podéis grabarlo en vídeo, colgarlo en las paredes de la clase o del colegio.

¡BRAVO!

Entre todos, votad el folleto que más os gusta.

Mi gente

Vamos a aprender a...

- ☑ hablar de la familia
- ☑ hacer descripciones físicas y de carácter
- ☑ hablar de profesiones y lugares de trabajo

›››¡Empezamos!

 **1** Escucha y relaciona cada texto con la foto correspondiente.
Pista 21

1.
¡Hola! Me llamo Julia y tengo once años. En la foto estoy con **mi abuelo** Miguel, el hombre con el **pelo blanco** y **barba**.

2.
– Este es el perfil de Facebook de Javi, **nuestro** nuevo compañero de clase.
– ¿Es el chico **rubio**?
– No, es el chico **moreno**.

3.
– ¿**Vuestro proyecto** es de Plástica?
– No, **nuestro proyecto** es de Ciencias Naturales.

4.
– ¿Dónde **trabaja** tu madre?
– Mi madre trabaja en un **restaurante**.

5.
Mi prima se llama Jana y tiene dos años. Es **morena** y tiene el **pelo rizado**. ¡Es muy guapa!

cuarenta y tres 43

))) MI GENTE

2 Los chicos del cole Cervantes graban cada jueves un programa sobre un profesor. Lee las descripciones de estos seis profesores y fíjate en las fotos.

LA TELE DEL COLE

El programa de la profe de Mates	El programa del profe de Plástica	El programa de la profe de Ciencias

a. Es rubia, tiene el pelo corto y los ojos marrones.	**a.** Es moreno y delgado, tiene pelo corto y barba.	**a.** Es morena, tiene el pelo rizado y corto. Es muy alta.

b. Es pelirroja, tiene gafas y el pelo corto.	**b.** Es morena y delgada, tiene el pelo largo.	**b.** Es morena, tiene el pelo liso y largo.

🔊 Pista 22 **2.1** Entre estos profesores hay 3 intrusos. Escucha a los alumnos y selecciona de qué profesor hablan cada día: ¿opción a. o b.?

🔊 Pista 22 **2.2** Escucha otra vez el audio y escribe qué día es cada programa.

1. El programa de la profe de Mates: el jueves día ....
2. El programa del profe de Plástica: el jueves día ....
3. El programa de la profe de Ciencias: el jueves día ....

Los números del 20 al 100

20 veinte	40 cuarenta
21 veintiuno	50 cincuenta
22 veintidós	60 sesenta
23 veintitrés	70 setenta
	80 ochenta
30 treinta	90 noventa
31 treinta y uno	100 cien
32 treinta y dos	
33 treinta y tres	
34 treinta y cuatro	

> El "no" aparece siempre antes del verbo:
> *No es guapa.*
> *No tiene gafas.*

2.3 Marca verdadero (V) o falso (F) en cada frase.

	V	F
1. La profe de Matemáticas no tiene gafas.		
2. La profe de Matemáticas se llama Juana Sánchez.		
3. El profe de Plástica no tiene barba.		
4. La profe de Ciencias no es rubia.		

3. Lee la descripción y contesta: ¿quién es?

1. Es una chica morena y delgada, tiene el pelo rizado castaño:
....

2. Es rubio y tiene el pelo corto, es delgado y no tiene gafas:
....

3. Es rubia y alta, tiene el pelo largo y liso:
....

4. Es moreno y delgado, tiene el pelo corto castaño y unas gafas rojas:
....

Ewa   Steve   Kate   Oskar

4. Esta es la familia de Gonzalo. Lee cada frase y escribe el número de la persona que se describe.

¡Fíjate!
El adjetivo y el nombre siempre concuerdan:
La chica rubia
El chico moreno

☐ **a.** Mi padre se llama **J**avier y es carpintero. Es moreno, tiene barba y gafas.
☐ **b.** Mi hermano mayor se llama **J**aime y es médico. Es moreno y muy alto.
☐ **c.** Mi madre se llama **G**ema. Es bajita y rubia, trabaja de limpiadora.
☐ **d.** Mi tía se llama **J**ulieta. Es chef en un restaurante y lleva gafas.
☐ **e.** Mi tío **G**erardo es policía. Es moreno, delgado y no tiene barba.

Ortografía

El sonido /x/ se representa en español con dos letras.

j: *ca**j**a, ti**j**eras, **j**irafa, o**j**o, **j**ueves, relo**j**.*

g + e, i: *__g__ente, __g__imnasio.*

5. Fíjate en las letras en rojo de la actividad anterior. ¿Cómo se pronuncian?

Escribimos, decimos...

Pista 23

6. Escucha y subraya las letras que representan el sonido /x/ en estas oraciones.

1. La caja está en la mesa.
2. Hay mucha gente en el gimnasio.
3. La jirafa es un animal.
4. Los ojos de María son grandes.
5. Las tijeras están en la mochila.
6. La clase de español es el jueves.

6.1 Completa con *j* o *g*.

a. __ente   b. e__emplo   c. __imnasio   d. ho__a   e. ba__o

cuarenta y cinco   45

Mi cuaderno de vocabulario

7 Observa las palabras para describir a alguien. Fíjate en el verbo que usamos.

Ser: ser alto, ser delgado… | Tener: tener el pelo liso, tener los ojos claros… | Tener / Llevar: llevar gafas

alto/a · bajo/a · delgado/a · gordo/a

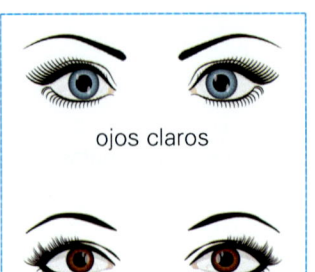
ojos claros
ojos oscuros

gafas
barba

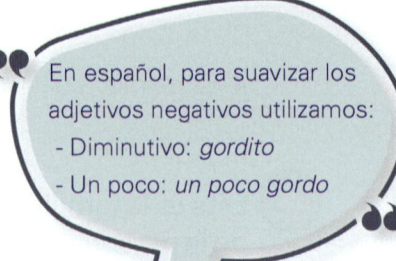

En español, para suavizar los adjetivos negativos utilizamos:
- Diminutivo: *gordito*
- Un poco: *un poco gordo*

rubio/a · moreno/a · pelirrojo/a · calvo/a

pelo… rizado · liso · corto · largo

8 Relaciona el texto con la foto correspondiente.

A
B
C

1. ¡Hola! ¿Qué tal? Me llamo Raquel, soy la chica rubia que lleva gafas. En la foto también está mi prima Lucía, que es morena y tiene el pelo liso, y mi amiga Sofía, que es pelirroja. Nosotras vivimos en Varsovia, ¿y tú?

2. ¿Qué tal? Somos Dinesh y Edmund y somos estudiantes de español. Yo soy Edmund y soy de Polonia. Llevo gafas, tengo el pelo castaño y soy un poco gordito. Mi amigo Dinesh es de Pakistán. Es bajo y delgado, tiene el pelo liso y moreno. En la foto comemos helado, ¡ñam ñam!

3. ¡Hola a todos! Soy José, tengo doce años y vivo en España, en Málaga. En la foto estoy con mi padre, se llama Julián, es el hombre de la barba blanca y los ojos oscuros. Yo tengo los ojos claros, como mi madre.

8.1 Lee otra vez los textos y clasifica en tu cuaderno.

Ser	Tener	Llevar / Tener
rubia		

46 cuarenta y seis

9 Esta es la familia de José. Escucha el audio y escribe frases en tu cuaderno como en el ejemplo.

Su padre se llama Julián. Su madre se llama...

Cristina   José
           Susana
Paulina   Julián
    Pablo
Miriam   Alonso
Domingo   Julia

9.1 Escucha otra vez a José y levanta la mano cada vez que oyes una de estas palabras.

~~pelo blanco~~   barba   rubia   gafas   inteligente   divertida

cariñoso   sociable   moreno   calvo   simpática

9.2 Ahora clasifica en tu cuaderno las palabras de la actividad 9.1.

Físico	Carácter
pelo blanco,	

10 ¡Ahora tú! Entrevista a tu compañero como en el ejemplo. Toma notas en una hoja y entrégala a tu profesor.

"¿Cómo se llama tu hermano?"

"Mi hermano se llama Li, ¿y tu hermano, cómo se llama?"

"No tengo hermanos. Tengo una hermana, se llama Bora."

"¿Cómo es Bora?"

Su padre se llama Peter. Su madre se llama Susan. No tiene hermanos, pero tiene una hermana que se llama Bora...

10.1 Escucha las notas que lee tu profesor y adivina de qué compañero son.

cuarenta y siete   47

Mi cuaderno de gramática

11 Lee el texto y aprende el presente de indicativo de los verbos regulares.

¡Hola, soy Gara! Vivo en Mijas, un pueblo de Málaga. Tengo once años y estudio en el colegio Gloria Fuertes.

Mi mejor amiga se llama Carolina y también estudia en mi colegio. Allí aprendemos un montón y pasamos mucho tiempo con nuestros amigos. ¡Es genial!

Presente de indicativo: los verbos irregulares

	-ar	-er	-ir
	estudi/ar	aprend/er	viv/ir
yo	estudio	aprendo	vivo
tú	estudias	aprendes	vives
él, ella, usted	estudia	aprende	vive
nosotros/as	estudiamos	aprendemos	vivimos
vosotros/as	estudiáis	aprendéis	vivís
ellos/as, ustedes	estudian	aprenden	viven

12 Gara habla de su familia. Completa con la forma correcta de los verbos entre paréntesis.

Esta es mi familia: mis padres se llaman Jorge y Sabela. Mi padre .... (trabajar) con mi tío en el negocio familiar: una librería. También .... (estudiar) Arte en la universidad por las noches. Él y mi hermano Alonso .... (dibujar) muy bien. Son los "Picasso" de la familia. Mi madre .... (trabajar) en un restaurante. Es una chef muy famosa y .... (cocinar) platos de todo el mundo. Cantar es mi afición y de mayor quiero ser cantante. .... (escuchar) canciones de todo tipo: pop, rock, clásica, reggaetón... También .... (cantar) en el coro del colegio.
¿Y tú, en qué eres bueno?

13 Completa las tablas con los sufijos adecuados.

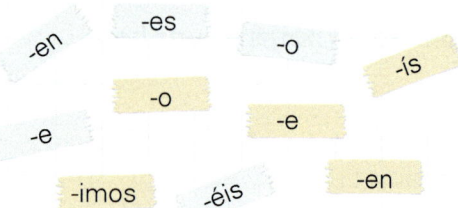

	ENTENDER	ESCRIBIR
yo	entiend	escrib
tú	entiend	escrib**es**
él/ella, usted	entiend	escrib
nosotros/as	entend**emos**	escrib
vosotros/as	entend	escrib
ellos/as, ustedes	entiend	escrib

14 Completa las frases con la forma correcta de los verbos.

1. ¿Tus primos y tú .... (correr) en el parque los sábados?

2. ¿............................ (beber, tú) mucho café? Mi padre también .... (beber) mucho.

3. Por la mañana, los estudiantes .... (abrir) las ventanas de la clase.

4. ¿Quién .... (repartir) las fotocopias?

5. En la clase de español .... (escribir, nosotros) todos los días en el cuaderno.

Los posesivos	Singular	Plural
■ yo	**mi** amigo	**mis** amigos
■ tú	**tu** amigo	**tus** amigos
■ él, ella, usted	**su** amigo	**sus** amigos
■ nosotros/as	**nuestro** amigo / **nuestra** amiga	**nuestros** amigos / **nuestras** amigas
■ vosotros/as	**vuestro** amigo / **vuestra** amiga	**vuestros** amigos / **vuestras** amigas
■ ellos/as, ustedes	**su** amigo	**sus** amigos

15 Elige la opción correcta. Después, escucha y comprueba.

> Mira, Julia: es una foto de mi / nuestro familia. El hombre alto es mi / sus abuelo Marcos y la mujer rubia es mi / su mujer, mi / su abuela Maribel. Aquí están mi / tu tío Diego y mis / su primos Luis e Ignacio. La niña morena es mi / mis hermana Luisa. Mis / Mi padres son muy simpáticos. También tenemos un perro. Nuestro / Nuestros perro es marrón y negro. Nuestra / Vuestro familia es muy grande. ¿Cómo es tu / sus familia?

16 Completa la tabla de *ser* y *tener*.

	SER	TENER
yo		
tú		
él/ella, usted		

	SER	TENER
nosotros/as		
vosotros/as		
ellos/as, ustedes		

16.1 ¿Ser o tener? Completa con la forma correcta de los verbos *ser* o *tener*.

1. Julia .... morena y alta. .... el pelo rizado y largo.
2. Yo .... los ojos verdes y muy grandes y .... bastante alta.
3. ¿Cómo .... tu madre? Ella .... muy guapa y .... el pelo rubio, largo y ondulado.
4. Mi abuelo .... calvo y .... la barba blanca.
5. Nosotros .... castaños y .... los ojos negros.
6. José y tú .... altos y delgados. .... los ojos azules y pequeños.

¡A jugar!

17 ¡Bingo!: escribe en tu cuaderno una tabla con algunas formas verbales de los verbos *ser*, *tener*, *hablar*, *comer* y *escribir*. Cada uno dice en voz alta una forma verbal que no tiene escrita. Gana el primero que tacha todas.

CONECTA2

▷ **El intercambio de idiomas digital**
#AmigosDeTodoElMundo

1 Bruno y Jimena participan en un programa de intercambio del cole. En una aplicación, conocen amigos de otros países e intercambian mensajes. Lee y contesta.

Bruno
en línea

¡Hola Jimena! ¿Cómo estás? Me llamo Bruno y tengo once años. Soy italiano pero vivo en Toledo con mi familia. Es muy guay hablar contigo por esta aplicación.

Esta es mi familia: mi madre se llama Carla. Tiene cuarenta años y es enfermera. Trabaja en un hospital. Ella es morena y muy guapa. Es alta y delgada, tiene el pelo moreno, ondulado y largo. Tiene los ojos verdes y grandes.

Mi padre se llama Marco. Tiene cuarenta y un años. Es abogado y trabaja en una oficina en Madrid. Es un hombre muy simpático y sociable. Tiene el pelo castaño, liso y corto. Tiene los ojos marrones y pequeños. Lleva bigote.

Mi hermana, Chiara, tiene veinte años. Es muy guapa y muy inteligente, como mi madre. Tiene el pelo rubio, liso y largo. Tiene los ojos verdes y grandes, y también tiene gafas. Estudia en la universidad y trabaja de camarera los fines de semana.

Yo soy delgado y bajito. Tengo el pelo castaño, liso y un poco largo. Tengo los ojos marrones y grandes. Soy un chico muy alegre: mi afición favorita es escuchar música. Mi cantante favorito es Juanes. Todos los días escucho sus canciones y aprendo palabras nuevas. En el colegio aprendo español e inglés. Tengo dos amigos españoles y practico español con ellos. 😊

¿Cómo eres tú? ¿Con quién vives? Y por cierto, ¿tienes correo electrónico? El mío es bruno2015@queguay.com. Podemos escribirnos por correo electrónico también.

Un abrazo, Bruno.

hoy, 16:30

1. ¿Cuál es la profesión de sus padres? ....
2. ¿Cómo es su madre? ....
3. ¿Cómo es su padre? ....
4. ¿Quién estudia y trabaja? ....
5. ¿Cómo se llama su hermana? ....
6. ¿Cómo es Bruno? ....

2 Lee otra vez el mensaje y completa la tabla. Añade tres elementos más en cada columna.

Descripción física	Descripción de carácter	Profesiones
alto	simpático	enfermera

3 Jimena contesta al mensaje de Bruno en la aplicación #AmigosDeTodoElMundo. Pero su mensaje no está completo. Complétalo con las palabras del recuadro.

ojos | guitarra | colombiana | ingeniero | escuchar | sociable | morenos
canciones | cariñosa | hermanos | aprendo | profesora | bailar | grande

Jimena
en línea

¡Hola, Bruno!

¿Qué tal? Me alegro mucho de tenerte como amigo en la app. Yo soy .... y vivo en Colombia, en la ciudad de Barranquilla con mi familia. Soy una chica ....
y ....

Mi familia es muy .... porque mis abuelos viven con nosotros también. Tengo once años, como tú. Te mando una foto de ellos por mensaje directo. En la foto están mis abuelos, mis padres y mis .... Somos todos .... y tenemos los .... oscuros. Mi madre es .... de Matemáticas y mi padre es .... Mi hermano y mi hermana tienen ocho años, son **gemelos**. Mis abuelos son **jubilados**.

¿Tu afición favorita es .... música? ¡Qué guay! Mi afición favorita es ..
.... Después del colegio, voy a la escuela de baile. .... a bailar salsa y vallenato. Mis cantantes favoritos son Juanes y Carlos Vives, escucho mucho sus .... Me gusta mucho la canción "La Bicicleta" de Carlos Vives. Él canta esa canción con Shakira. Además, también toco la ....
Un abrazo, Jimena.

hoy, 17:15

¿Qué significa gemelos? .... ¿Y jubilados? ....

4 Escucha a Jimena hablar de su familia y escribe quiénes son estas personas.
Pista 26

Carlos: .... Ana María: ....

Juan David: .... Luz: ....

5 ¡Ahora tú! Escribe en una hoja tu presentación para #AmigosDeTodoElMundo. Después, pégala en la pared de clase. Cuando ya están todas las presentaciones de la clase, pega un "me gusta" en tu presentación favorita.

¡Hola! Me llamo Peter y tengo doce años.
Soy holandés y vivo en Utrecht, con mis padres y mi hermano Yani.
Mi madre es cajera de un supermercado y mi padre es carpintero. Ella es rubia y él también.
Mi hermano tiene catorce años y estudia. Me gusta el fútbol y los jugadores españoles y argentinos.
Peter.

¡QUÉ INTERESANTE!

1 ¿Sabes qué son los trabalenguas? ¡Aquí tienes algunos ejemplos! Lee en silencio. No tienes que entenderlos.

El carpintero, carpinterito clavó un clavito, ¿qué clavito clavó el carpintero, carpinterito?

Jorge el cerrajero vende cerrajas en la cerrajería. ¿Cuántas cerrajas vende en un día?

Pepe peina pelos y lo pela un pelado peluquero que lo peina con peinata, poco lo pela porque pocos pelos reina.

La sardinera sacó para asar sesenta sardinas secas, sesenta sardinas secas secadas al sol y mar.

Pepo el pirata baila en una pata pues viento en popa se saca su ropa.

2 Practica y lee los trabalenguas en voz alta.

3 ¡A competir! ¿Quién es el más rápido de clase?

4 ¿Qué palabras conoces con el sonido j/g (/x/)? Haz una lista. Después, inventa un trabalenguas con esas palabras.

¡REPASO! 3

1 Mira el árbol de la familia de Lucas y completa los huecos.

1. Marta es .... de Lucas.
2. Guille y Daniel son .... de Lucas.
3. José y Lola son .... de Lucas.
4. La prima de Lucas se llama ....
5. Nicolás es .... de Lucas.
6. Lucas, Elsa y Lara son .... Nicolás.

2 Mira otra vez la familia de Lucas y elige la opción correcta.

1. El padre de Lucas lleva barba / bigote.
2. La abuela lleva gafas / barba.
3. La tía de Lucas tiene el pelo corto / largo.
4. Lara es rubia / pelirroja.
5. Lucas tiene los ojos negros / azules.
6. El tío de Lucas tiene el pelo liso / rizado.

3 Escribe los posesivos.

1. .... (vosotros) libros

2. .... (yo) familia

3. .... (él) bicicleta

4. .... (nosotros) perro

5. .... (tú) móvil

6. .... (vosotros) lápices

4 Ordena las preguntas y escríbelas en tu cuaderno.

1. es / ¿ / tu / ? / cómo / abuelo?
2. ¿ / primos / tienes / cuántos?
3. es / afición / ? / tu / favorita / ¿ / cuál
4. ¿ / hablas / ? / idiomas / cuántos
5. es / ? / ¿ / quién / Julieta
6. tus / color / son / ? / de / ¿ / ojos / qué

5 Relaciona las preguntas anteriores con estas respuestas.

a. Julieta es mi prima.
b. Mi afición favorita es jugar al voleibol.
c. Tengo cinco primos.
d. Dos: español y griego.
e. Mi abuelo es calvo y tiene barba.
f. Mis ojos son azules.

cincuenta y tres

¡REPASO!

6 Completa las frases con el verbo conjugado.

1. Yo _estudio_ en el sexto grado de Secundaria.
2. Mi padre .... en un banco.
3. Nosotros .... cuatro idiomas: español, inglés, italiano y ruso.
4. ¿.................... (tú) en el restaurante todos los días?
5. Mis tíos .... en Estambul.
6. ¿.................... (vosotros) música en el autobús?

vivir
escuchar
~~estudiar~~
trabajar
hablar
comer

7 Completa las frases con la forma correcta de los verbos *ser*, *tener* o *llevar*.

1. Esta .... mi prima Luz. .... quince años. .... alta y gordita. .... los ojos azules.
2. Yo .... David. .... moreno y bajo. .... el pelo moreno, ondulado y largo.
3. Ellos .... gemelos. .... medianos y delgados. .... el pelo rubio, rizado y corto. .... gafas.
4. Mi tío Pepe .... muy guapo. .... alto y delgado. .... el pelo castaño, ondulado y corto. .... barba.
5. Tú .... bajita y gordita. .... el pelo moreno, liso y largo. También .... gafas.

8 Escucha la información de la familia Miguel y completa los huecos.
Pista 27

" Esta es mi familia. Mis ...., los padres de mi padre, se llaman Manolo y Dolores. Mi abuela, la .... de mi madre, se llama Carmen. La .... de mi padre, mi tía María, es abogada. Está soltera. El hermano de mi madre es mi .... Pedro. Es médico. Su mujer, mi tía Isabel es ama de casa, y su hijo es mi ...., que se llama Daniel. Mi madre también tiene una hermana que se llama Sofía. Mis otros .... se llaman Antonio y Teresa. Esa es mi familia. :) ¡Ah! Y yo me llamo Miguel. "

9 Lee otra vez el texto anterior y marca si es verdadero (V) o falso (F).

	V	F
La madre de su padre se llama Carmen.		
La hermana de su padre es abogada.		
El hermano de su madre es profesor.		
Miguel no tiene primos.		
El padre de Miguel es taxista.		

Mis palabras favoritas de esta unidad

1. .... 4. ....
2. .... 5. ....
3. .... 6. ....

54 cincuenta y cuatro

¡Me gusta mucho!

Vamos a aprender a...

☑ expresar gustos e intereses ☑ hablar de la dieta y la comida
☑ expresar acuerdo y desacuerdo

》》》 ¡Empezamos!

Pista 28

 Escucha y relaciona cada texto con la foto correspondiente.

1. ☐
– Mamá, ¿qué tenemos para comer hoy?
– Hoy tenemos sopa de verduras **de primero** y arroz con pollo **de segundo**.

2. ☐
– ¿Qué **te gusta** hacer en tu tiempo libre?
– Me **gusta mucho** jugar al baloncesto.
– ¡A mí **también**!

3. ☐
– ¿**Te gustan** las frutas?
– Sí, y **me gustan** mucho las fresas.
– ¡Uf! **A mí no**.

4. ☐
Pablo **siempre desayuna** leche con cereales y zumo de naranja.

cincuenta y cinco **55**

>>> ¡ME GUSTA MUCHO!

2 Escucha los vídeo-mensajes de los chicos. Después, relaciona cada uno con su respuesta.
Pista 29

1. ¿Qué tal? Me llamo Julia y soy mexicana. Tengo doce años y vivo en Japón. No me gusta leer, pero me encantan los cómics. Estudio Japonés e Inglés en el cole, pero mi asignatura favorita es Plástica.

2. Hola, me llamo Nuno y soy portugués. Me gustan mucho los animales y los dinosaurios. Mi asignatura favorita es Ciencias Naturales. También me gusta mucho cocinar: me encanta la comida mexicana y las tapas españolas. Hablo portugués, inglés y un poco de español.

3. ¿Qué tal? Somos Jorge y Javi, dos hermanos de diez y doce años. Somos españoles, pero vivimos en Italia y hablamos un poco de italiano. Nos encantan los videojuegos y las películas de aventuras y, por supuesto, la comida italiana: pasta, pizza, etc. A mi hermano Javi le encanta la lasaña, pero a mí no. Los fines de semana nos gusta jugar a juegos de carreras de coches o de fútbol mientras comemos pizza. ¡Es un plan muy guay!

Me gusta ❤
Me gusta mucho ❤❤
Me encanta ❤❤❤

A. ¡Hola! Me llamo Marco y soy un chico italiano de trece años. A mí también me gustan mucho los videojuegos. Mis favoritos son las carreras de coches y los juegos de rol. Mi hermana es diseñadora digital y tengo muchos videojuegos en mi casa. ¿Hablamos? ¡Chao!

A mí me gusta +
A mí también +
A mí no −

A mí no me gusta −
A mí tampoco −
A mí sí +

B. ¡Hola, guapa! Somos Beth y Kate, dos amigas de Irlanda y vivimos en Galway. A nosotras nos gustan mucho las series japonesas, el manga y el sushi. Tampoco nos gusta leer, pero nos gustan mucho los cómics. Hablamos inglés y un poco de español. ¡Nos encanta el español!

C. ¿Qué tal? Soy Claus, soy griego y tengo once años. Me encantan las Ciencias Naturales: me gustan mucho los volcanes y los dinosaurios. Mi comida favorita es la china, pero la mexicana no está mal. También me gusta el surf y jugar al fútbol en la playa. Vivo en Tenerife, una isla española. Aquí hay un museo que se llama "Museo de la Naturaleza y el Hombre" y hay muchas salas sobre dinosaurios. ¿Hablamos por Skype?

VERBO GUSTAR

A mí	me
A ti	te
A él, a ella, a usted	le
A nosotros/as	nos
A vosotros/as	os
A ellos/as, ustedes	les

→ **gusta**
- **+ infinitivo**
  Me gusta comer. Nos gusta jugar.
- **+ nombre singular**
  Me gusta el fútbol. Nos gusta el inglés.

→ **gustan**
- **+ nombre plural**
  Me gustan los coches.
  Nos gustan los ejercicios de español.

3 Completa las frases con *gusta* o *gustan*.

1. Nos .... escuchar música.
2. A Raquel le .... la comida china.
3. ¿Te .... los videojuegos?
4. A los alumnos les .... las clases de inglés.
5. ¿No te .... las canciones españolas?
6. Me .... ver la tele.
7. ¿Os .... las nuevas pizarras del cole?

4 ¿Qué te gusta hacer? Relaciona cada foto con su descripción y marca "Me gusta" o "No me gusta".

1. leer
2. hacer deporte
3. enviar mensajes a mis amigos
4. estar con mis amigos
5. ver la tele / ver una serie — C
6. escuchar música
7. ir al cole
8. ....

¡A jugar!

4.1 Dibuja algo que te gusta hacer a ti. Tu compañero tiene que adivinar qué es. Después, escribe el nombre de la actividad en el punto 8.

cincuenta y siete 57

Mi cuaderno de vocabulario

5 En la actividad 2, los chicos de Comunidad AprenderEspañol.com hablan de su comida favorita. Lee los textos otra vez y responde.

1. La comida favorita de Nuno es ....   a) la italiana   b) la libanesa   c) la española y mexicana
2. A Jorge y a Javi les encanta la comida ....   a) china   b) italiana   c) vegetariana
3. A Beth y a Kate les gusta ....   a) las tapas   b) el sushi   c) los tacos

6 Relaciona cada alimento con su nombre. Después, escucha a tu profesor y repite.

1. ....   2. ....   3. ....

4. ....   5. ....   6. ....

7. ....   8. ....   9. ....   10. ....

fruta   carne
verdura   agua
pescado
refresco
zumo
huevos
lácteos
pan

7 Escucha a Patri y Chechu hablar sobre su comida favorita. Marca los alimentos que nombran.

Pista 30

pasta ☐   pollo ☐   queso y leche ☐   arroz ☐

sándwich ☐   bocadillo ☐   hamburguesa ☐   patatas fritas ☐

8 Lee el texto y selecciona la opción correcta.

Estoy muy preocupada por mi hermano Kike, ¡come muy mal!
Para desayunar, siempre come helado / fruta, nunca bebe leche / refrescos, ni toma cereales. A mediodía, en el recreo del cole, a veces come zanahoria / galletas de chocolate. En la comida, normalmente tiene patatas fritas / ensalada y los fines de semana casi siempre come hamburguesas con sus amigos: ¡un desastre!

La cena siempre es más saludable: mis padres casi nunca cocinan comida rápida, a ellos les gusta cenar dulces / sopa o pescado y algo de fruta. Kike no quiere hablar conmigo sobre el tema, ¿le escribes tú, por favor?

ADVERBIOS DE FRECUENCIA

SIEMPRE 100%
Kike siempre come a las dos.

NORMALMENTE 95%
Normalmente, Kike come fruta.

A VECES 50%
A veces, Kike come chocolate.

NUNCA 0%
Sus padres nunca ven la tele.

8.1 Y tú, ¿qué comes normalmente? Completa la tabla con tus datos y después pregunta a tu compañero.

Comida	Yo	Mi compañero
Desayuno		
Comida		
Merienda		
Cena		

Ortografía

El sonido /k/ se representa en español con las siguientes letras.

c + a, o, u o consonante: **ca**torce, **co**sa, **cu**aderno, **cl**ase.
k + i: **ki**lo.
qu + e, i: **que**so, **qui**en.

Escribimos, decimos...

Pista 31

9 Escucha y subraya las letras que representan el sonido /k/ en estas oraciones.

1. ¿Te gusta el pescado?
2. Me gusta el queso.
3. Tenemos un kilo de patatas.
4. Hay quince huevos.
5. Hoy como carne.
6. Tengo un cuaderno.

10 Completa con c, qu o k.

a. __atorce   b. __uien   c. __iwi   d. __uinto   e. __osa

Mi cuaderno de gramática

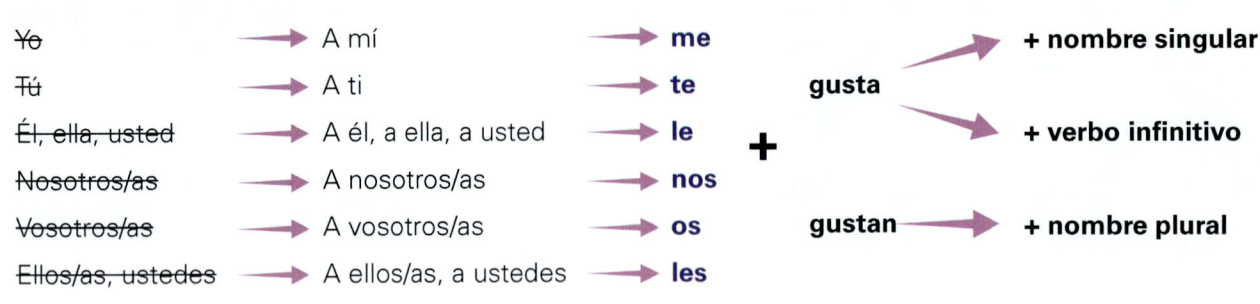

11. Completa las frases con los pronombres (me, te, le...) y la forma correcta del verbo *gustar*.

1. A mí .... los deportes.
2. ¿No .... (tú) montar en bici?
3. A mi madre y a mí .... mucho nadar en la piscina.
4. ¿Qué .... (vosotros) hacer los fines de semana?
5. A Sara no .... comer pescado ni carne.
6. A David y a Luisa .... las canciones de Pablo Alborán.
7. A mí no .... los huevos.
8. ¿........................... (usted) ver películas en español?

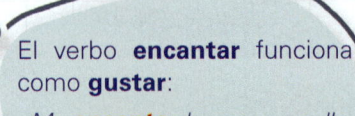

El verbo **encantar** funciona como **gustar**:
- *Me **encanta** el arroz con pollo.*
- *Nos **encanta** hacer fotos.*

12. Fíjate en los emoticonos y contesta con "a mí también", "a mí sí", "a mí no" o "a mí tampoco".

1. Alexandra: "Me gusta mucho escuchar música".
   Julieta: 😊 ....
2. Guille: "No me gusta el pollo".
   Leticia: 😢 ....
3. Vanessa: " No me gustan los deportes acuáticos".
   Ricardo: 😊 ....
4. Cristian: "Me encanta el pescado con patatas, es mi comida favorita".
   Marta: 😢 ....

¡Ojo!
A + el = al
*Nos gusta ir **al** cine los sábados.*
De + el = del
*No me gusta la cafetería **del** colegio.*

sesenta

Nombres contables e incontables

- Los nombres o sustantivos **contables** pueden ser singulares o plurales:

    Todos los días desayuno un plátano.
    Todos los días desayuno dos plátanos.

- Los nombres **incontables** siempre son singulares y no llevan artículo indeterminado:

    Todos los días desayuno leche con cereales. (Todos los días desayuno una leche con cereales.)

Algunos nombres incontables en español son:
agua, arroz, azúcar, café, leche, pasta.

▶ Para hablar de cantidades decimos, por ejemplo:

Un **plato de** arroz

Una **cucharada de** ázucar

Una **botella de** agua

Un **vaso de** leche

13 Escribe el artículo indefinido (un, una, unos, unas) si hace falta.

1. Me gusta beber té con .... azúcar.
2. Tengo .... manzana
   y .... galletas para la merienda.
3. ¿Tenemos .... arroz para cocinar paella?
4. Siempre tengo .... botella de agua en mi mochila.
5. No hay .... leche en el frigorífico.
6. ¿Compramos .... tarta de chocolate para el cumpleaños de Juan?

Las conjunciones

- Las **conjunciones** son palabras que sirven para enlazar palabras u oraciones. ¿Conoces otros ejemplos? Completa la tabla con tus ejemplos.

Conjución	es para....	Ejemplo
❑ **y, e, ni** Utilizamos **e** cuando la palabra que sigue a la conjunción empieza por -i.	sumar	→ Nos gusta ir al cine y jugar al fútbol. .... → Hablamos francés e inglés. → No se puede comer ni beber en clase. ....
❑ **o, u** Utilizamos **u** cuando la palabra siguiente empieza por -o u -ho.	indicar opción	→ ¿Qué te gusta más: la carne o el pescado? .... → Normalmente como siete u ocho frutas al día
❑ **pero**	indicar contraste	→ No me gusta mucho el tomate pero la lechuga sí. ....

sesenta y uno

CONECTA2

1 Bruno tiene un canal de Youtube donde habla de sus aficiones. ¿Qué dice? Lee y contesta.

¡Hola amigos! Bienvenidos a mi canal de Youtube. En el vídeo de hoy, hablo de mi alimentación. Estoy un poco preocupado: ¡creo que yo como muchísimo!

Por las mañanas desayuno tostadas, huevos fritos, un cruasán con mermelada y una manzana. Bebo leche con chocolate. A veces bebo zumo e infusiones como un té, por ejemplo.

Normalmente como en el colegio con mis compañeros. Mi comida favorita es la hamburguesa de falafel con patatas. ¡Ñamm! Me encantan los garbanzos, pero en el cole nunca tienen hamburguesas vegetales. De primero siempre como sopa o ensalada. Hay muchas opciones de segundo plato: paella, pescado con cebolla, arroz con verduras… ¡Yo siempre repito! Mis amigos dicen que mi estómago no tiene fin. 😋

Después, para la merienda, me encanta comer galletas con leche y magdalenas de chocolate. En la merienda no como fruta, ni verduras.

La cena es muy ligera, siempre cocinan mis padres y ellos son muy sanos. A veces ceno una ensalada o un yogur de fresa. ¡Lo sé, como muy mal! No soy gordito porque hago mucho deporte: dos días a la semana nado en la piscina y también juego al baloncesto. Me gusta correr con mi madre en el parque y montar en bici los fines de semana. ¿Tienes algún consejo para una dieta saludable? ¡Necesito un cambio en mi vida!

Bruno
Publicado el 17 de junio

SUSCRIBIRSE

1. ¿Qué desayuna Bruno por las mañanas? ....
2. ¿Dónde y con quién come? ....
3. ¿Qué comida le encanta? ....
4. ¿Qué come normalmente en la merienda? ....
5. Bruno come mucho pero no es gordo, ¿por qué? ....
6. ¿Cuándo monta en bici? ....

2 Lee otra vez el texto y completa la tabla. Añade tres elementos más para cada columna.

Alimentos	Acciones	Frecuencia	Conjunciones
Tostadas	Nadar	Siempre	y

3 Ahora escribe un menú saludable para Bruno.

- Desayuno: ....
- Comida: ....
- Merienda: ....
- Cena: ....

4 Selen, una niña turca, ve el canal de Bruno y contesta a su mensaje. Lee qué dice Selen y responde.

Añade un comentario....

Selen   Hace un día

¡Hola, Bruno! *Merhaba*! Me llamo Selen y soy turca. Vivo en Estambul y estudio español en el cole, es mi asignatura favorita. Me encanta ver tu canal de YouTube porque practico español.

Es muy interesante tu dieta porque es muy diferente a mis comidas, especialmente el desayuno. En Turquía el desayuno es muy importante: tenemos diferentes tipos de quesos y de aceitunas, comemos huevos fritos, miel, mermelada, mantequilla, tomate, pepino, pimientos verdes… ¡es muy variado! También bebemos té turco, es un clásico. Nos gusta desayunar con la familia y hablar.

Yo normalmente hago comidas y cenas ligeras, porque quiero estar en forma. Mi sueño es ser una deportista de élite. También como mucha fruta y verduras, y bebo mucha agua.. Mis deportes favoritos son el voleibol y el tenis. En Instagram sigo a la tenista campeona Garbiñe Muguruza y veo qué come diariamente para estar en forma. Mi consejo: buscar un deportista que te guste mucho y seguir su dieta, ¡seguro que es muy saludable!

    RESPONDER

- Escribe en tu cuaderno: ¿es diferente el desayuno de Selen y el de Bruno? ¿Por qué?

  Bruno desayuna… / Selen desayuna…

- ¿Qué significa estar en forma?

5 Selen recomienda a Bruno seguir la dieta de un deportista. Selecciona a uno de estos campeones e imagina cuál es su dieta diaria y sus aficiones. Después, presenta su dieta al resto de la clase.

1. Fernando Alonso, piloto de F1
2. Sandra Sánchez, karateka
3. Sonia Lafuente, patinadora
4. Lionel Messi, futbolista

1·La dieta de Fernando Alonso

Fernando Alonso es un piloto español de Fórmula 1. Por las mañanas siempre bebe zumo de frutas y desayuna tostadas…

sesenta y tres

¡QUÉ INTERESANTE!

1 Relaciona las palabras con las imágenes.

1. bocata
2. tostadas
3. acelgas
4. galletas
5. espinacas
6. leche
7. mermelada
8. ensalada
9. yogur

2 Escucha el poema de Nilda Zamataro y completa con el vocabulario anterior.
Pista 32

LAS CUATRO COMIDAS

Me gusta .... tibia
Para desayunar.
Con .... o ....
Y .... para untar.

Para la comida ....,
Carne o pescado, ...
O ....; y fruta fresca
Todo, sentado a la mesa.

En la merienda ....
Fruta o .... con ....
Comparto todo con mis amigos,
Que invito a casa para jugar.

Para la cena pescado a la plancha
Otra .... y un rico yogur,
Y bien bañadito, a dormir temprano.
Así los niños cuidan su salud.

Autora: Nilda Zamataro

3 ¡Ahora tú! Toma nota de tus ideas y después comenta a tus compañeros qué te gusta desayunar, comer, merendar y cenar. ¿Es muy diferente de las cuatro comidas de Nilda Zamataro? Recuerda usar también / mucho...

¡REPASO!

1 Tacha la palabra diferente.

yogur	manzana	pescado
leche	cebolla	arroz
queso	patatas	carne
patatas	lechuga	pollo

montar en bici	té	desayuno
nadar	café	comida
comer	limón	paella
hacer deporte	agua	merienda

2 (Pista 33) Escribe debajo de cada imagen la acción correcta, observa y forma frases. Después escucha y comprueba.

Le gusta ♥
Le gusta mucho ♥♥
Le encanta ♥♥♥

Alicia	♥♥♥	✗	♥♥	♥♥♥
Chema	✗	♥♥♥	♥	♥♥
Rubén	♥	♥♥	♥♥♥	✗

1. A Alicia le encanta ....
....

2. A Chema ....
....

3. A Rubén ....
....

3 Ordena las preguntas y escríbelas en tu cuaderno.

1. libre / ¿ / tiempo / Qué / tu / en / te / hacer / gusta / ?
2. ¿ / desayunas / normalmente / Qué / ?
3. fines / ¿ / comes / los / semana / Dónde / de / ?
4. ¿ / tenemos / cenar / Qué / para / ?
5. ¿ / es / afición / tu / Cuál / favorita / ?

4 Relaciona las preguntas anteriores con estas respuestas.

a. Mi afición favorita es ver la tele.
b. Los fines de semana como en la casa de mis abuelos.
c. Me gusta mucho nadar en la piscina.
d. Para cenar hay ensalada y yogur.
e. Normalmente desayuno pan con tomate y zumo.

sesenta y cinco

¡REPASO!

5 Lee los mensajes y elige el mejor restaurante para cada uno.

A: "Me llamo Sergio y me encanta comer bocadillos."

B: "Soy Laura y me gustan mucho los animales, por eso no como carne ni pescado."

C: "Mi nombre es Lola y mi bebida favorita es el zumo. Me encanta beber zumos de diferentes frutas."

D: "Somos Ángel y Rocío. Nos encanta la comida japonesa."

EL ANIMALISTA ☐
Saborea nuestras hamburguesas vegetales, tartas veganas y helados veganos. ¡Te esperamos en nuestro restaurante!

EL SULTÁN DEL KEBAB ☐
¿Te gustan mucho los kebab? En nuestro restaurante tenemos deliciosos kebab de pollo y de cordero. Todos los días menú de estudiante por solo 5 euros.

EL REY BURGER ☐
Las mejores hamburguesas de toda la ciudad. Ven y disfruta. Los fines de semana el menú rey solo cuesta 5 euros incluye hamburguesa, bebida y patatas fritas.

KON'NICHIWA ☐
Deliciosa comida japonesa en el restaurante Kon'nichiwa. El mejor sushi, miso y dashi de la ciudad. ¡Te esperamos!

El zumolandia ☐
¿Eres aficionado a los zumos? ¿Te gusta probar sabores diferentes? Los mejores zumos de frutas en Zumolandia. ¡Te va a encantar!

EL COMEBOCATAS ☐
¿Frío o caliente? Tu bocata favorito en un restaurante muy guay: El Comebocatas. Te esperamos en la Calle Mayor nº 42. ¡Descuentos para estudiantes!

Mis palabras favoritas de esta unidad

1. .... 4. ....
2. .... 5. ....
3. .... 6. ....

Esta es mi casa

Vamos a aprender a...

- ☑ describir la casa
- ☑ preguntar y decir dónde están las cosas
- ☑ preguntar y decir la hora

››› ¡Empezamos!

  1 Escucha y relaciona cada texto con la foto correspondiente.
Pista 34

A

B

C

D

E

1. Uso el ordenador **para hacer** los deberes del cole.

2.
– Mirad, **aquella casa** es de Thalía, la cantante.
– ¿Sí? ¡Qué guay! Es muy grande.

3.
– Mamá, ¿dónde están mis libros?
– Están **encima** de tu escritorio.

4.
– **¿A qué hora** es el partido de fútbol?
– A las nueve.

5.
– **¿Qué hay** en tu dormitorio?
– En mi dormitorio hay una cama, una estantería y dos armarios **para guardar** la ropa.

sesenta y siete **67**

››› Esta es mi casa

2 Lee y señala: ¿cuál es la casa de Sandra? ¿Por qué?

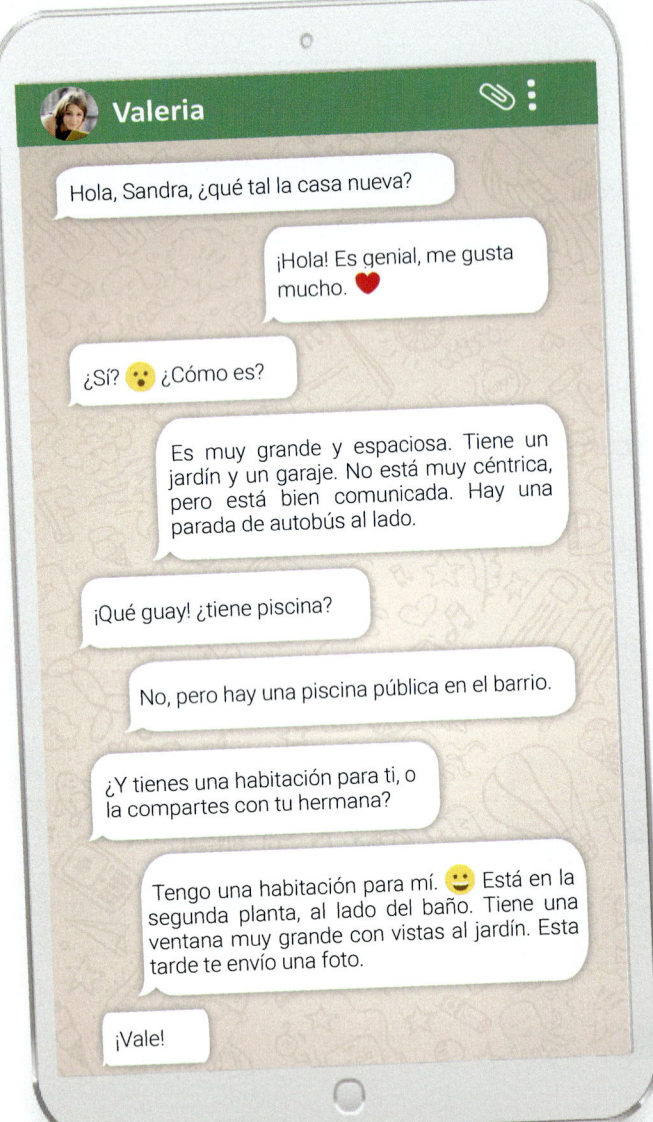

Valeria

Hola, Sandra, ¿qué tal la casa nueva?

¡Hola! Es genial, me gusta mucho. ❤

¿Sí? 😮 ¿Cómo es?

Es muy grande y espaciosa. Tiene un jardín y un garaje. No está muy céntrica, pero está bien comunicada. Hay una parada de autobús al lado.

¡Qué guay! ¿tiene piscina?

No, pero hay una piscina pública en el barrio.

¿Y tienes una habitación para ti, o la compartes con tu hermana?

Tengo una habitación para mí. 🙂 Está en la segunda planta, al lado del baño. Tiene una ventana muy grande con vistas al jardín. Esta tarde te envío una foto.

¡Vale!

3 Sandra envía esta foto. ¿Cuál es su habitación, la A o la B? Subraya las palabras clave.

A. Esta es mi habitación. Me encanta el color azul de la pared. La cama es muy cómoda, y el escritorio es muy grande, me gusta estudiar y usar el ordenador. Hay una estantería encima del escritorio para colocar todos mis libros y mis cosas. Es muy luminosa por la mañana y tengo tres lámparas para las noches.

B. Esta es mi habitación. Me encanta el color azul de la pared. La cama es muy cómoda, pero el escritorio es muy pequeño. Tengo una mesa al lado de la cama con una lámpara y un sillón de colores. También hay un armario grande para guardar la ropa, y pósters en la pared. ¡Me encanta esta habitación!

  3.1 Escucha y comprueba tu respuesta.

Pista 35

4 ¿Dónde están? Escribe las frases en tu cuaderno.

La cama está en el dormitorio.

 5 Escucha el audio y relaciona.

1. estantería
2. armario
3. cama
4. mesa
5. silla
6. lavabo

a. para dormir
b. para lavarme
c. para guardar la ropa
d. para estudiar
e. para poner los libros
f. para sentarme

"Tengo una estantería en mi habitación **para poner** los libros."

5.1 Lee de nuevo los textos de la actividad 3 y subraya los ejemplos con *para* + *infinitivo*.

Expresa finalidad

→ Para + infinitivo

Utilizo el móvil para hablar con mis amigos.

Este armario es para guardar mis juegos.

sesenta y nueve **69**

Mi cuaderno de vocabulario

6 Mira el dibujo y lee las palabras. Después, completa el texto de la casa de Rita.

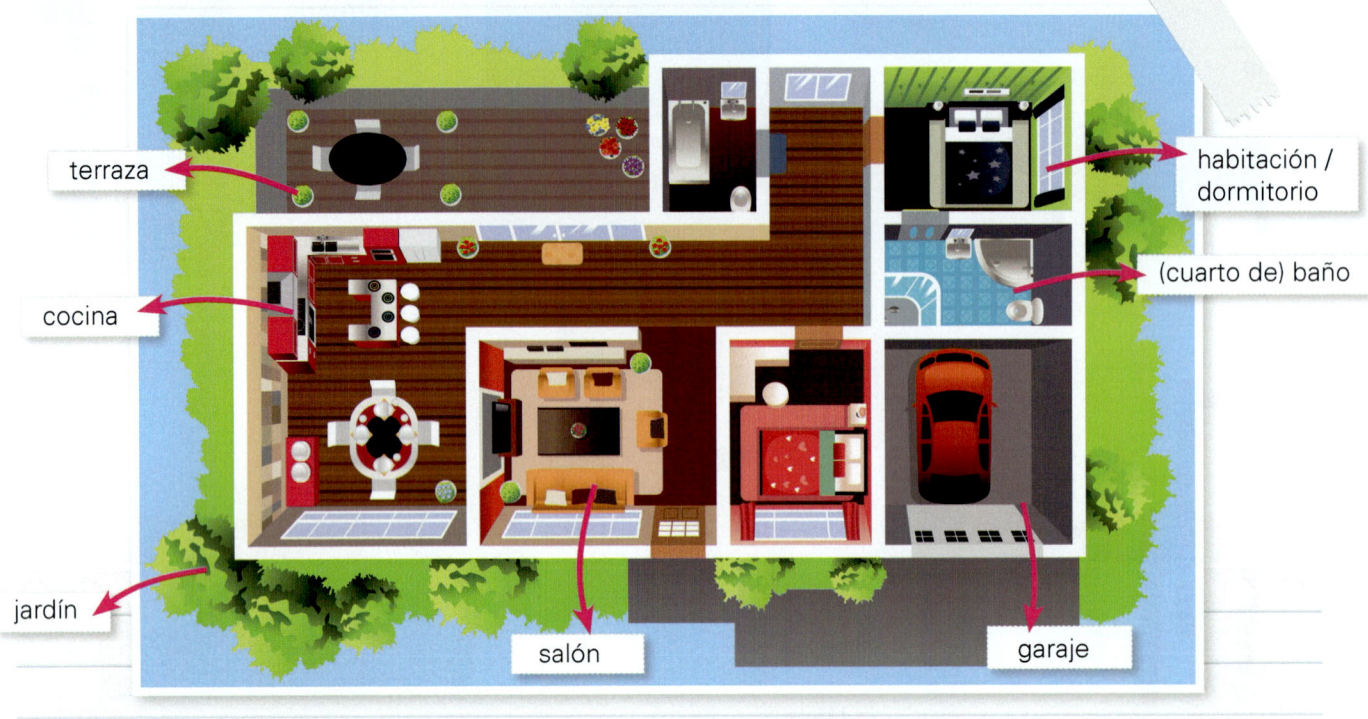

Me encanta nuestra nueva casa: tiene dos ...., uno para mi hermano y para mí, y otro para mi madre. Mi dormitorio es rosa, tiene una cama muy cómoda para acostarme y wasapear con mis amigas. Todos los días a las cinco y media comentamos el último capítulo de nuestra serie favorita.

Al lado de la habitación de mi madre hay un .... Es muy pequeño: solo tiene una ducha, un lavabo y un váter; pero en la casa hay otro baño grande. Al lado de mi dormitorio también está el ...., para aparcar el coche de mi madre. Ella termina de trabajar todos los días a las tres, me recoge en el colegio y volvemos a casa.

La nueva casa, tiene una .... muy amplia y luminosa, con mucho espacio para cocinar. Normalmente comemos en la mesa de la cocina, pero a veces comemos en la ...., para disfrutar del sol. Por la noche, nos encanta ver la tele todos juntos en el ...., sentados en los sillones y en el sofá. Además, la casa tiene un .... muy bonito, con muchas plantas y árboles muy verdes. ¡Es una casa muy guay!

6.1 Marca cómo es la casa de Rita. Busca en el diccionario las palabras que no conoces.

- ☐ amplia / espaciosa
- ☐ luminosa
- ☐ vieja
- ☐ pequeña
- ☐ oscura
- ☐ nueva
- ☐ amueblada
- ☐ moderna
- ☐ bonita
- ☐ sin amueblar
- ☐ antigua
- ☐ fea

6.2 ¡Ahora tú! Escribe en un papel cómo es tu casa. Después, entrega el papel a tu profesora y ella te entrega el papel de un compañero. Adivina de quién es la casa.

Las horas

Las doce

Y cinco / cuarto / media

Las doce y cinco   Las doce y cuarto   Las doce y media

MENOS cuarto / cinco

La una menos cuarto   La una menos cinco

  7 Escribe en tu cuaderno las horas de estos relojes. Después, escucha y comprueba.
Pista 37

1 **2** **3** **4** **5**

 8 ¿A qué hora…? Lee de nuevo el texto de la actividad 6 y dibuja.

¿A qué hora wasapea Rita con sus amigas?

¿A qué hora termina de trabajar la madre de Rita?

  9 Escucha y contesta las preguntas.
Pista 39

A. ¿A qué hora es el partido de fútbol? *El partido de fútbol es a las 18:30.*

B. ¿A qué hora termina el concierto? ....

C. ¿A qué hora es la clase de inglés? ....

D. ¿A qué hora sale el autobús? ....

setenta y uno **71**

Mi cuaderno de gramática

10 Repasa el verbo *estar* y lee los adverbios de lugar.

Presente de indicativo: estar

	Estar
yo	estoy
tú	estás
él, ella, usted	está
nosotros/as	estamos
vosotros/as	estáis
ellos/as, ustedes	están

 sobre  debajo de  detrás de

 delante de  al lado de  entre

11 Completa las frases con la forma correcta del verbo *estar*.

1. ¿Dónde .... el cuarto de baño?
2. Ahora .... (yo) en el jardín con mi perro?
3. La tableta .... sobre el escritorio.
4. Guille y yo .... en la cocina.
5. ¿ .... (tú) en tu dormitorio o en el salón?
6. Sergio y Enrique .... en el garaje.
7. ¿Marichú y tú .... en la piscina? ¡Qué guay!

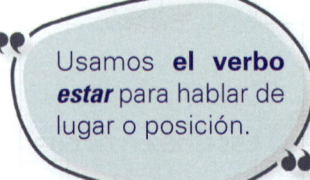

Usamos **el verbo *estar*** para hablar de lugar o posición.

12 Mira el salón y después completa las frases.

1. La alfombra está .... la mesa.
2. El sofá está .... la mesita.
3. El florero está .... la mesa.
4. Las libros están .... la mesa.
5. La cómoda está .... la ventana.
6. La planta está .... la cómoda y el sofá.

── ¡A jugar! ──

13 ¡Ahora tú! Describe a tu compañero dónde está un objeto de la clase y él tiene que adivinar qué es.

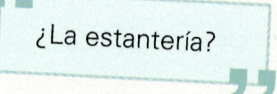
Es marrón y está al lado de la ventana.

¿La estantería?

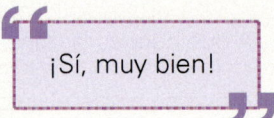
¡Sí, muy bien!

¿Ser o Estar?

- Usamos **ser** para expresar **cualidades** y **características**:

  La mesa es marrón.
  El sofá es muy cómodo.
  El salón es grande.

- Usamos el verbo **estar** para expresar **lugar** o **posición**:

  La mesa está detrás de la silla.
  El sofá está en el salón.
  El salón está al lado del baño.

14 Completa el diálogo con la forma correcta de los verbos *ser* o *estar*.

> **Carlos:** Mira, Ana: esta foto de mi Instagram es de nuestra casa de verano.
>
> **Ana:** ¿Sí? .... muy bonita. ¿Dónde ....?
>
> **Carlos:** La casa .... en Torremolinos. Torremolinos .... una provincia de Málaga y .... en el sur del país. ¡Me encanta España!
>
> **Ana:** ¡Qué guay!
>
> **Ana:** ¡Ah! ¡Qué bonitos! ¿Y dónde .... tu dormitorio?
>
> **Carlos:** Mi dormitorio .... en la segunda planta, entre el baño y la habitación de mis padres. No .... muy grande pero me gusta mucho.
>
> **Ana:** También tenéis jardín, ¿no?
>
> **Carlos:** Sí, el jardín .... detrás de la casa y allí también .... la piscina.

Los adjetivos demostrativos

- Los adjetivos demostrativos sirven para **marcar la distancia** que existe entre determinados seres y objetos y la persona que habla.

	Singular		Plural	
	Masculino	Femenino	Masculino	Femenino
cerca (aquí)	este	esta	estos	estas
distancia media (ahí)	ese	esa	esos	esas
lejos (allí)	aquel	aquella	aquellos	aquellas

- Los adjetivos demostrativos aparecen junto a un sustantivo y concuerdan en género y número:

  ¿Te gustan estas sillas blancas y marrones?
  Ese cuadro es muy bonito.

15 Elige la opción correcta.

1. ¡Mira Julia! Este / Esta alfombra es muy bonita.
2. Estos / Aquellas sillones son bastante viejos.
3. Ese / Esa mesa es muy grande para nuestra cocina.
4. Me encantan estos / estas lámparas antiguas.
5. A mi madre no le gustan esos / estas vasos de plástico.

Más información sobre los **demostrativos** en la página 147.

setenta y tres

CONECTA2

▷ MI ROOM TOUR

1 **Comenta con tus compañeros.**

A. ¿Te gusta YouTube? ¿Te gusta algún canal o *youtuber* especialmente?

B. ¿Sabes qué es un *room tour*? ¿Conoces alguno? En Blinklearning tienes unos ejemplos.

C. ¿Te gustan esos vídeos? ¿Por qué?

2 **Ahora, vas a conocer el *room tour* de Ricardo. Lee los textos y fíjate en las imágenes.**

¡Hola a todos! Bienvenidos a mi canal de YouTube. Mi nombre es Ricardo, pero mis "followers" me llaman *Ricky Guay*. El vídeo de hoy es un *room tour* para presentar mi habitación. Es una habitación muy luminosa y amplia. Tengo una cama nueva: es **verde** y blanca, ¡mis colores favoritos!

Este es mi rincón favorito de la habitación: hay un escritorio donde está mi ordenador y todos mis libros. Uso el ordenador para hacer los **deberes** y también para jugar a juegos de rol con mis amigos del cole los fines de semana. ¿Tú para qué usas el ordenador?

Al lado de la cama está mi armario, ¡tengo la **ropa** un poco desordenada! En mi habitación hay un telescopio y pósters de planetas y satélites. También tengo muchos libros sobre el espacio. Mi planeta favorito es Saturno, ¿y el tuyo?

74 setenta y cuatro

2.1 **Lee las preguntas y responde en tu cuaderno.**

A. ¿Cómo es la habitación de Ricardo? ¿Qué otra cosas hay en su habitación?

B. ¿Qué aficiones crees que tiene Ricardo? *A Ricardo le gusta jugar a videojuegos...*

C. ¿Te gusta la habitación de Ricardo? ¿Qué es lo que te gusta? ¿Qué es lo que no te gusta?
Me gusta mucho / me gusta un poco / no me gusta...
Me gustan las habitaciones oscuras...

D. Escribe tres cosas que hay en tu habitación y para qué las usas, dos cosas verdaderas y una falsa. Lee las tres frases a tu compañero y él adivina cuál es la falsa.

/r/ es un sonido suave en palabras como: *número, cámara, barata, verdura, profesor, francés.*

/r/ es un sonido fuerte en palabras como: *ropa, reloj, Ricardo, ordenador.*

/rr/ es siempre un sonido fuerte: *arroz, barrio.*

Escribimos, decimos...

3 **Lee las palabras destacadas en el texto de Ricardo. Después, lee la norma.**

Pista 39

4 **Escucha y escribe /r/ o /rr/.**

1. decir ....
2. rojo ....
3. colores ....
4. estantería ....
5. oscura ....
6. moderna ....

5 **Completa con *r* o *rr*.**

a. __ico   b. ma__ón   c. ce__ar   d. escribi__   e. Hondu__as

6 **¿Cómo es tu habitación? Describe tu habitación y tu compañero la dibuja. Dibuja tú aquí la habitación de tu compañero.**

¡QUÉ INTERESANTE!

CASAS FAMOSAS. FAMOSOS EN SUS CASAS.

1 Relaciona.

Las casas de Neruda

Hoy son «casas museos» y cuentan parte de la historia del poeta, sus amores, sus amistades...
La Sebastiana. Se llama así porque el arquitecto es su amigo Sebastián Collado.
La casa de Santiago de Chile se llama **La Chascona** porque Neruda llama así a su tercera esposa, Matilde Urrutia.
La casa de **Isla Negra** está frente al mar y tiene forma de barco. En este lugar, están enterrados Neruda y su esposa.

La casa azul o Museo Frida Kahlo (Coyoacán, Ciudad de México)

Se puede ver su habitación y muchos objetos personales de la pintura mexicana: su cama, sus vestidos, sus libros...
También se pueden encontrar sus obras más famosas y los objetos de arte de Diego Rivera (esposo de Frida Kahlo). Hoy es un museo.

Casa museo Salvador Dalí (Cadaqués, Gerona)

Es una casa de pescadores con forma de laberinto. Tiene pasillos estrechos y caminos sin salida.
La decoración es rara. Hay obras de arte (del pintor), objetos rusos (de su mujer, Gala), animales disecados...

1. Frida Kahlo ○   ○ poeta chileno ○   ○ su casa es un laberinto
2. Pablo Neruda ○   ○ pintor español ○   ○ su casa es azul
3. Salvador Dalí ○   ○ pintora mexicana ○   ○ tiene tres casas

2 Lee el texto e identifica a qué casa corresponde cada frase.

A. La casa de Santiago se llama así por el nombre de su mujer. ....

B. Está frente al mar. ....

C. Tiene objetos de arte de su marido. ....

D. Está decorada con objetos de otro país. ....

3 ¿Conoces otras casas famosas en algún país hispanohablante? ¿Y en tu país? En grupos, buscad en internet información sobre una casa famosa y presentad la casa a vuestros compañeros.

¡REPASO!

1 Tacha la palabra diferente.

mesa	ducha	sillón
puerta	antiguo	televisión
garaje	luminoso	sofá
ventana	grande	silla

dormitorio	delante	amplio
armario	bonito	grande
salón	detrás	pequeño
cocina	encima	espacioso

2 Completa con la forma correcta de los verbos *ser* o *estar*.

1. El salón .... muy luminoso y espacioso.
2. ¿Dónde .... los libros de Matemáticas? .... muy importantes para el examen.
3. El dormitorio de Juan .... en la segunda planta y .... bastante grande.
4. El armario .... del color marrón y .... al lado de la cama.
5. La nueva casa de Marta .... muy céntrica y .... detrás del colegio.

3 Mira la imagen, lee las frases y marca si es verdadero (V) o falso (F).

                                          V   F

1. El reloj está al lado del cuadro. ⚪ ⚪
2. Los libros están encima de la mesa. ⚪ ⚪
3. Hay una planta delante del sillón. ⚪ ⚪
4. En el salón hay una alfombra amarilla. ⚪ ⚪
5. Detrás de la televisión hay un armario. ⚪ ⚪
6. En el salón hay una mesa y una mesilla. ⚪ ⚪
7. El salón es bastante oscuro. ⚪ ⚪
8. Hay una lámpara pequeña de color rosa. ⚪ ⚪
9. El sofá es gris y está al lado de la mesilla. ⚪ ⚪
10. Son las seis y diez en la foto. ⚪ ⚪

4 Lee y completa los adjetivos demostrativos.

1. Est......... libros de Ciencias Naturales son muy buenos.
2. Aquel......... casa de ahí es muy antigua.
3. Es......... cama es muy cómoda.
4. Aquel......... cuadros son de Frida Kahlo.
5. Est......... lámpara es bastante grande.

setenta y siete 77

¡REPASO!

5 **Escucha el audio y elige la respuesta.**
Pista 40

1. ¿Qué no hay en el dormitorio de Antonio?

a. ☐ b. ☐ c. ☐

2. ¿Dónde están los libros?

a. ☐ b. ☐ c. ☐

3. ¿A qué hora es el curso de voleibol?

a. ☐ b. ☐ c. ☐

4. ¿Cuál es la casa de María?

a. ☐ b. ☐ c. ☐

Mis palabras favoritas de esta unidad

1. .... 4. ....
2. .... 5. ....
3. .... 6. ....

setenta y ocho

¡PREPARO EL DELE ESCOLAR!

TAREA DE COMPRENSIÓN DE LECTURA

Instrucciones

Vas a leer las ofertas de clases que hay en un colegio. Debes relacionar los carteles (A-J) con las frases (0-6). Hay diez ofertas; debes seleccionar seis.

A. Clases de guitarra española. Lunes y miércoles por las tardes.

B. Para estar en forma: clases de Zumba. Sábados por la mañana.

C. ¿Te gustan los juegos? Club de ajedrez para estudiantes. Martes de 5 a 6.

D. Mente sana en cuerpo sano. Clases de cocina para alumnos vegetarianos.

E. ¿Eres fan de los dinosaurios y de los planetas? Club científico. Quedamos siempre en el laboratorio en el recreo, de 10:30 a 11:00.

F. ¡Ole! Si te gusta bailar, ven a nuestras clases de flamenco. Jueves de 6:30 a 7:45.

G. Bailes latinos con la profesora Ezgi. Viernes y sábados por la tarde en el gimnasio del cole.

H. Club de lectura en español. Domingos por la mañana en la biblioteca.

I. Kárate y artes marciales en el gimnasio del cole. Lunes, miércoles y viernes por las mañanas.

J. ¿Eres fan de *Final Fantasy* o de *Diablo III*? ¿Te encantan los videojuegos? Únete a nuestro club de jugadores de rol. Hablamos los domingos por la mañana por videoconferencia.

0	Me encanta el flamenco y tocar instrumentos. Tengo libres los lunes y miércoles de 17:00 a 19:00.	*Anuncio A*
1	Los domingos por la mañana no tengo planes. No me gusta mucho salir de casa, pero me gusta hablar con chicos de otras partes de mi país o del mundo.	
2	Soy defensora de los animales y no me gusta el menú del cole porque siempre hay carne o pescado para comer. Busco alguna actividad para mi tiempo libre.	
3	Me gustan mucho los juegos de estrategia. Los fines de semana estoy muy ocupado, pero entre semana por las tardes tengo tiempo libre.	
4	Normalmente hago deporte en el parque, y todos los viernes por la mañana entreno en el gimnasio del cole, me encantan las artes marciales.	
5	Siempre hago deporte los sábados por la mañana, busco clases ese día para bailar y hacer amigos.	
6	Mi asignatura favorita es Ciencias Naturales. Tengo un canal de YouTube para hablar del espacio y soy fan de los astronautas. Busco un club para hablar de ciencias y divertirnos juntos.	

TAREA DE EXPRESIÓN ESCRITA

Instrucciones

Un estudiante de intercambio va a venir a tu casa. Escríbele un correo electrónico. En él debes:
- saludar;
- describir cómo es tu familia;
- describir tu casa;
- describir qué te gusta hacer;
- despedirte.

Número de palabras: entre 30 y 40.

¡Qué guay!

Instrucciones:
Tira el dado y avanza hasta la casilla. Si respondes bien, tiras una vez más. ¡Gana el primero que llega al final!

13 ¿A qué hora desayunas?

12 ¿Qué le gusta hacer?

11 ¿Qué te gusta hacer en tu tiempo libre?

14 Di algo que comes...
- Normalmente
- A veces
- Nunca

¿Cuál es el antónimo de *luminoso*?
a) grande
b) estrecho
c) oscuro
d) antiguo

27

26 ¿Para qué utilizas el armario?

15 Completa:
Para desayunar, normalmente bebo un .... de leche con una .... de azúcar y otra de cacao.

28 ¿A qué hora es la clase de Español?

29 LLEGADA

16 ¿Cuál es diferente?
- patata
- manzana
- lechuga
- pepino

17 AVANZA UNA CASILLA

18 El móvil .... sobre la mesa de la cocina.
a) es
b) está
c) hay

19 Por la noche, Julia merienda.
a) Verdadero
b) Falso

SALIDA

10
¿Qué hora es?
Dile la hora a tu compañero.

9
Lee a tu compañero:

La Bruja Maruja prepara un brebaje, con cera de abeja, dos dientes de ajo, cuarenta lentejas y un pelo de oveja.

8
RETROCEDE DOS CASILLAS

25
RETROCEDE DOS CASILLAS

24
¿Cuál es diferente?

- el sofá
- la televisión
- el sillón
- el lavabo

7
Conjuga el verbo **hablar**
Yo ....
Tú ....
Él ....
Nosotros ....
Vosotros ....
Ellos ....

La oca loca

23
A Gema le gustan ....

a) el deporte
b) la pera
c) los animales
d) el tomate

6
Julio tiene los ojos ....

a) azul
b) negro
c) verdes
d) marrón

22
Conjuga el verbo **beber**
Yo ....
Tú ....
Él ....
Nosotros ....
Vosotros ....
Ellos ....

5
Juan .... dos magdalenas y un vaso de leche por la mañana.

a) desayuna
b) come
c) merienda
d) cena

20
Di 5 partes de la casa.

21
Lee a tu compañero.

Pepe Cuinto contó cuentos por un ciento, y un chico dijo contento, "¡cuántos cuentos cuenta Cuinto!".

4
Elige.

Mi / Mis padres son muy cariñosos.

1
¿Cuál es diferente?

- abuelo
- padre
- cocinero
- hermano

2
El hermano de mi padre es mi ....

a) hermano
b) sobrino
c) tío
d) primo

3
¿Cómo tiene el pelo?

ochenta y uno 81

LOS ALUMNOS INVESTIGADORES

En pequeños grupos, haced una investigación sobre los compañeros de clase.

¡LLUVIA DE IDEAS!

Preparad una lista con los datos de vuestra investigación. Elegid cuatro datos que queréis incluir. Aquí tenéis algunas ideas:

- Son rubios, morenos, pelirrojos…
- Tienen hermanos…
- Les gusta la sopa, les gusta…
- Tienen los ojos marrones, azules…
- Su casa es grande, pequeña…
- No les gusta nadar, no les gusta…

¡MANOS A LA OBRA!

Haced entrevistas a vuestros compañeros y anotad los datos en tablas como esta:

	Anna	Álex	Peter	Ahmed
1. Le gusta la sopa.				
2. Desayuna leche.				
3. No le gustan los vídeojuegos.				
4. Tiene hermanos/as.				

3, 2, 1… ¡ACCIÓN!

En una cartulina, haced un informe con los datos de las entrevistas. Después, presentadlos a la clase.

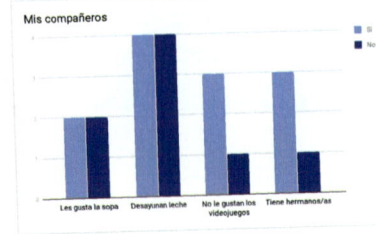

¡BRAVO!

Colgad vuestras investigaciones en las paredes de la clase o del colegio.

ochenta y dos

¡QUÉ GUAY!

CUADERNO DE ACTIVIDADES

CUADERNO DE ACTIVIDADES

Unidad 0

1 Escribe tus palabras favoritas en español.

Pista 1

2 Escucha y completa con el nombre del país.

1. _ _ _ _ _ _   2. _ _ _ _ _   3. _ _ _ _ _ _ _ _   4. _ _ _ _ _ _ _ _ _

5. _ _ _ _ _ _ _ _   6. _ _ _ _ _ _ _ _ _   7. _ _ _ _ _ _

3 Busca 8 nacionalidades en la sopa de letras.

Y	Z	M	E	T	K	Y	T	E	X	A	H	F	W
P	A	N	A	M	E	Ñ	O	S	F	C	L	E	O
D	O	M	I	N	I	C	A	N	A	E	O	U	S
C	O	L	O	M	B	I	A	N	A	U	G	E	N
E	S	P	A	Ñ	O	L	W	X	T	J	M	E	L
C	H	I	L	E	N	O	M	G	S	O	Q	V	E
C	U	B	A	N	O	U	A	E	E	D	F	H	O
Y	X	K	O	E	W	W	Y	A	P	N	E	Z	E
P	U	R	U	G	U	A	Y	A	P	X	E	A	O
X	E	L	U	B	R	K	X	L	U	F	A	S	N
N	A	K	E	P	V	O	T	O	H	R	T	E	V
P	J	J	A	Y	O	P	E	R	U	A	N	O	Y
X	V	D	E	C	H	J	E	M	U	H	V	E	T
C	A	Y	I	A	Z	P	C	E	X	V	D	N	V

84 ochenta y cuatro

UNIDAD 0

4 ¿Quién lo dice? Une cada foto con la presentación correspondiente.

1. Hola, me llamo Luciana y soy de **Colombia**. El **fútbol** es un deporte muy popular en mi país.

2. ¡Hola! Me llamo Lupe y soy de **México**. ¿Y tú cómo te llamas?

3. Hola, ¿qué tal? Me llamo Raúl y vivo en La Habana, en **Cuba**. La **salsa** es un baile famoso de mi país.

4. ¡Hola! Soy Carmen y soy de **España**, de Sevilla. El **flamenco** es un baile famoso en mi ciudad.

4.1 Lee la actividad anterior y escribe la nacionalidad correspondiente.

a) Lupe es m e x i c a n a.
b) Raúl es __ __ __ __ __ __ __ .
c) Luciana es __ __ __ __ __ __ __ __ __ __ .
d) Carmen es __ __ __ __ __ __ __ __ __ .

5 Escribe el resultado con letras.

a) 8 + 3 = _____
b) 12 + 5 = _____
c) 2 + 5 = _____
d) 10 + 10 = _____
e) 7 + 9 = _____
f) 1 + 13 = _____

ochenta y cinco

CUADERNO DE ACTIVIDADES

6 Mi cumpleaños. Escribe los años con letras.

a) _____   b) _____

c) _____   d) _____

7 Cosas de clase. Ordena las letras.

1) ZIPLA = _____   2) ROEDNAORD = _____
3) CHLMIOA = _____   4) RRZPAIA = _____
5) NOCDEURA = _____   6) SETCEUH = _____

8 Escribe el nombre de tres objetos que podemos encontrar en un estuche y en una mochila.

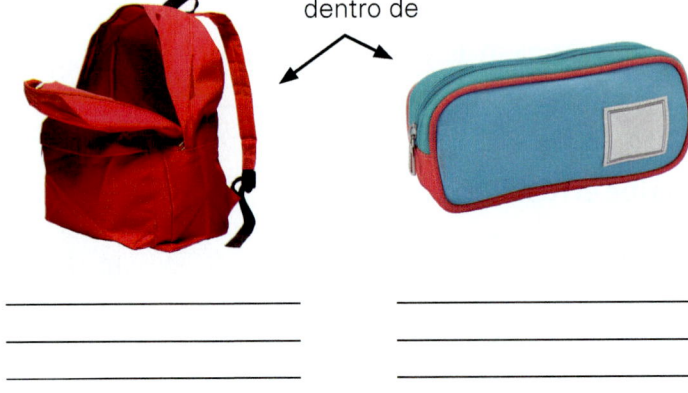

dentro de

_____   _____
_____   _____
_____   _____

86 ochenta y seis

UNIDAD 0

9 Relaciona las preguntas y las respuestas.

a) ¿Puedes repetir, por favor?	( ) Se dice "ordenador".
b) ¿Cómo se escribe "goma"?	( ) Sí, repito: actividad 3, página 10.
c) ¿Cómo se dice *computer* en español?	( ) Significa "adiós", *goodbye*.
d) ¿Qué significa "chao"?	( ) Se escribe ge, o, eme, a.
e) ¿Entiendes?	( ) Lo siento, no entiendo.

  9.1 Ahora escucha y comprueba.
Pista 2

10 ¿Qué dice cada uno? Completa con las frases.

- Profesora, ¿cómo se dice "hello"?
- ¿Puedes repetir?
- Se escribe ele, i, be, erre, o. Libro.
- ¿Qué significa "estuche"?

_____   _____

_____   _____

ochenta y siete **87**

CUADERNO DE ACTIVIDADES

Unidad 1

 **1** Completa las preguntas con un interrogativo. Después, escucha y comprueba.

- ¿_____ te llamas?
- Me llamo Natalia.
- ¿_____ años tienes, Natalia?
- Tengo doce años.
- ¿_____ _____ eres?
- Soy de Chihuahua, una ciudad de México.
- ¿_____ vives?
- Vivo en Atenas, la capital de Grecia.

Fíjate: *Natalia es mexicana*.

 2 Escribe estas frases en femenino.

a. Nosotros somos mexicanos. → _____.
b. Él es un alumno griego. → _____.
c. ¿Ellos son canadienses? → _____.
d. ¿Eres venezolano? → _____.

3 Completa la regla con las palabras en plural.

Singular	Plural	
Palabras terminadas en vocal: tur**c**o, go**m**a, ro**j**o	-s	turcos,
Palabras terminadas en consonantes: rotulado**r**, españo**l**, ciuda**d**	-es	
Palabras terminadas en -z: nari**z**, lápi**z**, andalu**z**	-z ⇒ -ces	narices,
Palabras terminadas en -ión: canci**ón**, lecci**ón**	-ion ⇒ -iones	

 4 Marca la opción correcta con una X.

( ) Unos tacos mexicanos   ( ) Unas muñecas rusas   ( ) Unos equipo irlandés
( ) Un taco mexicanos   ( ) Un muñeca rusa   ( ) Un equipo irlandés

88 ochenta y ocho

UNIDAD 1

5 Une los saludos con la foto correspondiente.

Buenos días

Buenas tardes

Buenas noches

6 Ordena el diálogo.

☐ ¡Hola! ¿Qué tal? Me llamo Estela.
☐ ¡Doce también! ¿Eres española?
☐ Yo soy italiano.
☐ ¡Buenos días, Estela! Yo soy Nico.
☐ Doce, ¿y tú?
☐ ¿Cuántos años tienes?
☐ No, soy peruana. ¿Y tú?

7 Imagina qué dicen estas personas.

8 Escucha el audio y completa.

Pista 4

 Hola. Me llamo _____. Tengo 11 años. Soy de Salamanca. Vivo en Barcelona.

¡Buenas! Me llamo Paula. Tengo 12 años. Soy de _____. Vivo en Madrid.

 Hola, ¿qué tal? Me llamo Jorge. Tengo 12 años. Soy de Barcelona. Vivo en _____.

Hola, me llamo Laura. Tengo _____ años. Soy de Madrid. Vivo en Valencia.

ochenta y nueve 89

CUADERNO DE ACTIVIDADES

8.1 Escucha otra vez el audio y completa.

a) Alberto es _____.

b) Paula tiene _____.

c) Jorge _____ de Barcelona.

d) Ella _____ Laura.

9 ¿De qué color es?

 China → La bandera china es roja y amarilla.

 Alemania →

 Grecia →

 Portugal →

 Brasil →

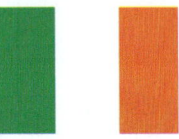 Irlanda →

 Venezuela →

 Cuba →

10 Escribe estas frases correctamente.

a. sofía es chilena y vive en valparaíso.

_____.

b. la capital de costa rica es san josé.

_____.

c. hola, me llamo julio y soy paraguayo. tengo once años y vivo en alemania.

_____.

11 Ordena las letras y escribe las nacionalidades. ¡Ojo, pueden ser masculinas o femeninas!

1. CASENIENDA: _____
2. PENORUA: _____
3. ALANAEM: _____
4. CHONI: _____
5. GEGORI: _____
6. FANRCSÉ: _____
7. ILÉNSG: _____
8. CBAUNA: _____

¿Sabías qué...?
En español empiezan con mayúscula:
- Nombres, apellidos, ciudades y países.
- La primera letra de las frases.

UNIDAD 1

12 **Relaciona los saludos con las despedidas.**

a. Adiós, Susana.
b. Buenos días, señora Sánchez.
c. Hola, ¿qué tal?
d. ¡Adiós, chicos!
e. Buenas noches, mamá.
f. Buenas tardes, doctor.

( ) Hasta mañana. Que descanses.
( ) ¡Hasta luego!
( ) Buenas tardes, señor Cabezas.
( ) Bien, ¿y tú qué tal?
( ) Adiós profesora, hasta el lunes.
( ) Buenos días, ¿qué tal?

13 **Escucha y completa los perfiles.**

Pista 5

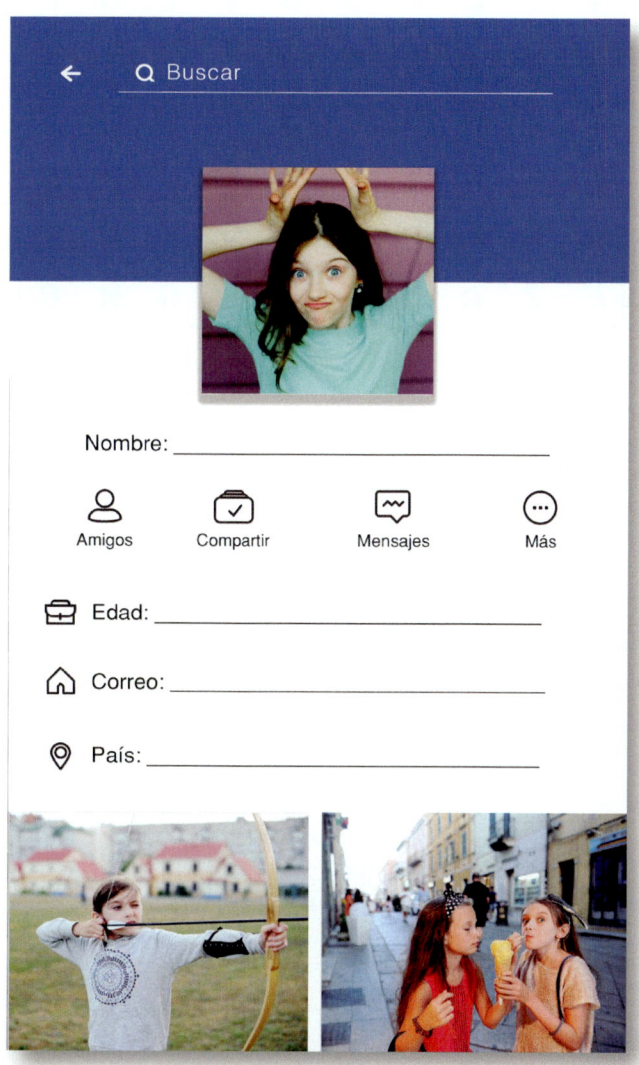

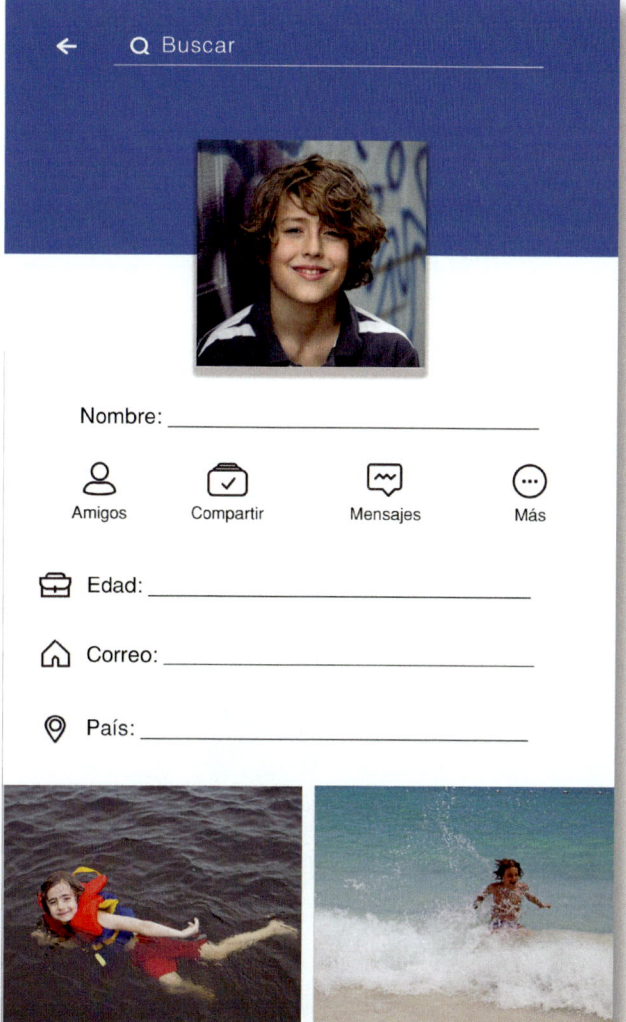

noventa y uno

CUADERNO DE ACTIVIDADES

14 Ayuda a Sandra a buscar los colores en la sopa de letras. Fíjate si los colores están en singular o en plural.

En mi mochila hay...
- Unos lápices ➡ _____
- Un cuaderno ➡ _____
- Un libro ➡ _____
- Unas gafas ➡ _____
- Un USB ➡ _____
- Unas tijeras ➡ _____
- Un boli ➡ _____

Y	E	Y	A	L	Ñ	X	S	W	B
E	Q	K	P	O	B	X	E	A	D
A	I	V	V	D	Q	R	L	Ñ	P
H	X	N	R	O	J	O	U	G	B
C	Q	S	S	K	U	R	Z	S	L
S	U	A	E	V	T	U	A	A	A
C	J	Z	N	J	Q	I	R	S	N
R	M	O	O	T	N	C	U	O	C
D	F	L	R	F	J	W	E	R	O
V	E	L	R	J	O	Y	T	Ñ	L
N	N	I	A	P	A	F	T	V	K
D	T	R	M	F	S	R	R	H	U
S	G	A	T	G	Z	N	Q	Ñ	A
A	Ñ	M	B	S	R	V	W	G	T
E	Z	A	K	F	N	E	G	R	O

15 Mira las fotos y escribe las frases.

Hay unos _____
_____

_____
_____

_____
_____

92 noventa y dos

16 La mochila de Álvaro. Mira la foto con las cosas que hay en la mochila de Álvaro y responde.

	V	F
En la mochila de Álvaro hay unos cuadernos.		
En la mochila de Álvaro hay solamente un lápiz azul, un lápiz amarillo y un lápiz gris.		
En la mochila hay unas chinchetas de colores.		
En la mochila de Álvaro hay unas tijeras amarillas y verdes.		
En la mochila hay una goma.		

17 ¿Quién lo dice? Escribe "profesor" o "alumno" al lado de cada frase.

a. ¿Cómo se dice "book" en español?: _____

b. Abrimos el libro por la página veinte: _____

c. ¿Puede repetir, por favor?: _____

d. Se escribe ele, a, pe, i, zeta: _____

e. Trabajamos en pareja: _____

f. ¿Qué significa "sacapuntas"?: _____

18 Lee y escribe en tu cuaderno el diálogo en el orden correcto.

A. Abrimos el libro por la página 13.

B. ¡Buenos días, chicos!

C. ¿Qué significa "escolar"?

D. ¡Buenos días, profesora!

E. Sí, abrimos por la página 13: "El material escolar".

F. Significa "del colegio".

G. ¿Cómo se escribe?

H. ¿Puede repetir, por favor?

I. E, ese, ce, o, ele, a, erre. Escolar.

CUADERNO DE ACTIVIDADES

19 Lee las frases y corrige los errores.

a. Yo tiene una mochila azul. En el mochila hay unos lápices, una goma y un cuaderno verde.
_____

b. ¿Tú es española? Yo también soy española. Me llama Leire, encantada.
_____

c. Ella es mi amigo. Te llama Cristina y es de perú. Tienen doce años.
_____

20 Elige la opción correcta.

1. Me llamo Asier y **soy / me llamo** español.
2. Mi profesora de español **te llamas / se llama** Alexandra.
3. Me llamo Anastasya, soy rusa y **tengo / tienes** doce años.
4. El chico nuevo y yo **nos llamamos / tenemos** estudiantes de español.
5. Mis amigos cubanos **se llaman / nos te llamas** Carlos. ¡Tenemos el mismo nombre!
6. Mi compañero **es / se llama** chileno y vive en Grecia.

¡Recuerda!

Llamarse

Yo me llamo
Tú te llamas
Él / Ella se llama
Nosotros nos llamamos
Vosotros os llamáis
Ellos / Ellas se llaman

21 Completa la tabla.

	Ser	Tener
Yo		
Tú		
Él / ella		
Nosotros / nosotras	somos	tenemos
Vosotros / vosotras	sois	tenéis
Ellos / ellas	son	tienen

21.1 Completa con la forma correcta de los verbos entre paréntesis.

1. ¡Hola! _____ (ser) Jonatan y Leticia, somos españoles y vivimos en Bélgica.
2. Álex y Leo _____ (ser) mis hermanos. _____ (tener) ocho años.
3. ¿Vosotras _____ (ser) las nuevas estudiantes?
4. Ellos se llaman Cloe y Pierre, _____ (ser) franceses y estudian español.

22 Une cada símbolo con su nombre.

almohadilla

guion

barra

punto

arroba

raya

Mapa de vocabulario: del mundo

23 Con tu compañero, haz un mapa con todas las palabras que has aprendido relacionadas con la unidad 1.

Países

Nacionalidades

Números

Colores

Unidad 2

1 Escribe estos números con letras. ¡Fíjate bien!

3: tres　　　5º: quinto　　　8ª: octava
12: _____　　6: _____　　6º: _____
4ª: _____　　14: _____　　4: _____
20: _____　　7º: _____　　17: _____

2 Completa el crucigrama con el nombre de las asignaturas.

UNIDAD 2

3 Escribe a qué persona se refieren estas frases.

yo / tú / él / nosotros / vosotras / ellos

a. Está en el gimnasio, en la segunda planta → _____
b. Tenéis una pizarra digital en clase → _____
c. Tengo doce años → _____
d. Se llaman Carlos y Julia → _____
e. ¿Eres polaco? → _____
f. Somos brasileños → _____

4 Mira el *ranking* del cole y contesta.

1. Jorge Sánchez Flores
2. Irene Moreno Torres
3. Adriana García González
4. Lupe Mendoza Medina
5. Raúl Pérez Santana

– Jorge es *el primero* del *ranking*.
– Adriana es _____
– Irene es _____
– Raúl es _____
– Lupe es _____

5 La asignatura secreta. Mira la tabla y descubre el nombre de la asignatura favorita de los chicos.

A	B	C	D	E	F	G	H	I	J	K	L	M	N
1	2	3	4	5	6	7	8	9	10	11	12	13	14
Ñ	O	P	Q	R	S	T	U	V	W	X	Y	Z	
15	16	17	18	19	20	*	/	@	#	_	-	.	

La favorita de Jorge es... → 12 5 14 7 / 1 → *Lengua*

La favorita de Patri es... → 13 1 * 5 13 1 * 9 3 1 20 → _____

La favorita de Irene es... → 3 9 5 14 3 9 1 20   14 1 * / 19 1 12 5 20 → _____

La favorita de Raúl es... → 17 12 1 20 * 9 3 1 → _____

La favorita de Lupe es... → 3 9 5 14 3 9 1 20   20 16 3 9 1 12 5 20 → _____

noventa y siete

CUADERNO DE ACTIVIDADES

6 Elige la opción correcta.

1. Miguel y tú **eres / es / sois** venezolanos.
2. Los deberes de Español **es / somos / son** muy fáciles.
3. Yo **somos / soy / es** estadounidense.
4. Alexandra **es / son / sois** mi amiga.
5. Jesús y yo **son / somos / soy** compañeros del trabajo.
6. Tú **eres / sois / es** el nuevo estudiante.

★ VENEZUELA ★

Pista 6

7 Responde a las preguntas como en el ejemplo. Después, escucha y comprueba.

A= ¿**Eres** colombiano?
B= (- / venezolano) <u>*No, no soy* colombiano, *soy* venezolano</u>.

1) **A=** ¿Sergio es mexicano?
   B= (+) Sí, _____.

2) **A=** ¿Sois brasileños?
   B= (- / portugués) _____, _____.

3) **A=** ¿Eres Juana?
   B= (- / Luisa) _____, _____.

4) **A=** ¿Messi es español?
   B= (- / argentino) _____, _____.

5) **A=** ¿Son irlandeses?
   B= (+) _____, _____.

8 Completa con un artículo definido (el / la / los / las) o indefinido (un / una / unos / unas).

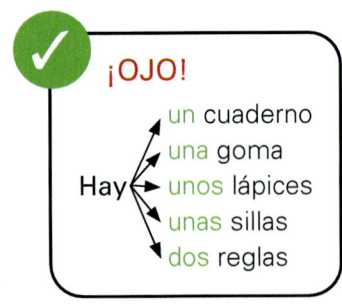

Esta es mi clase de Español. En mi aula hay quince mesas y sillas, _____ pizarra blanca, _____ estantería, _____ proyector, _____ ordenador y _____ pósters de España y América Latina en las paredes.

También hay _____ mesa para _____ profesora, es marrón y grande. En _____ mesa de la profe hay _____ ordenador y es negro. En clase tenemos muchos libros: están en _____ estantería blanca. Los diccionarios están en _____ estantería azul.

UNIDAD 2

9 Este es el cole de Cintia. Mira las fotos y di cómo es.

El colegio de Cintia tiene tres plantas. _____
_____
_____
_____
_____
_____
_____
_____

10 Forma frases en tu cuaderno usando los artículos definidos y el verbo *ser*.

puerta / negra: **La** puerta **es** negra.

a) profesores / simpáticos: _____
b) examen de Español / fácil: _____
c) biblioteca / pequeña: _____
d) colegio / grande: _____
e) preguntas / difíciles: _____

noventa y nueve 99

CUADERNO DE ACTIVIDADES

11 ¿Dónde está Nelson? Lee y relaciona con las fotos.

a) Nelson, la profesora y yo **estamos** en la biblioteca.
b) Nelson **está** en el laboratorio.
c) Nelson y el profesor **están** en la clase.
d) Nelson **está** en la clase de Música.

12 ¿Hay o está / están? Completa los diálogos con la forma correcta de los verbos *estar* o *haber*. Después escucha y comprueba.

Pista 7

Diálogo 1
– ¿Qué _____ en tu mochila?
– En mi mochila _____ unos libros, un cuaderno, un estuche y una regla.
– ¿Y los lápices de colores?
– No tengo los lápices de colores aquí. _____ en casa.

Diálogo 2
– ¿Sabes dónde _____ los libros de Ciencias Sociales?
– Sí, _____ en la estantería.

Diálogo 3
– Los estudiantes _____ ya en el salón de actos para cantar la canción, pero ¿dónde _____ la profesora de Música?
– Ella no _____ aquí, pero en la sala de profesores _____ muchos profesores. ¿Hablamos con ellos?

Diálogo 4
– Profe, ¿dónde están las pelotas?
– En el gimnasio _____ muchas pelotas. También _____ bastantes raquetas. El gimnasio _____ en la segunda planta.

13 Completa las frases con la forma correcta del verbo *tener*.

a. ¿Tú también _____ Inglés a primera hora?
b. ¿_____ (vosotros) muchos deberes para mañana?
c. ¿Quién _____ un bolígrafo negro?
d. Selena y tú _____ un colegio muy bonito.
e. Yo no _____ bolígrafo rojo para marcar mis errores.
f. Óscar y yo _____ Francés los miércoles a tercera hora.

14 Mira las fotos y escribe las frases con la forma correcta del verbo *tener*, la asignatura y el día.

a) **(Enrique / lunes)**
Enrique tiene Matemáticas los lunes.

b) **(Vosotros / jueves)**
_____

c) **(Eugenio, Marta, yo / viernes)**
_____

d) **(Ellos / martes)**
_____

e) **(yo / miércoles / primera hora)**
_____

f) **(Sara / jueves y viernes)**
_____

CUADERNO DE ACTIVIDADES

15 Lee los nombres de los países. Después, completa el texto con el país o la nacionalidad según el código.

Inglaterra   Francia   Japón   Italia   Polonia

Grecia   Rusia   Estados Unidos   España

¡Hola! Me llamo César y soy (🍕) _____.
Tengo doce años y vivo en (🌺) _____. Mi madre es (🍕) _____ y mi padre es (🪆) _____.
Hablo (🍕) _____, (🌺) _____ y (🗼) _____. ¡Me encantan las lenguas!

¡Hola! ¿Qué tal? Soy Zulema y soy (🗽) _____. Tengo trece años y vivo en Atenas, la capital de (🏛) _____. Además de griego, hablo (☎) _____ y un poco de (👘) _____ porque tengo una amiga de Tokio. Mis asignaturas favoritas son Ciencias Naturales e (🍕) _____.

15.1 Ahora escucha y comprueba. Fíjate en las palabras en verde. ¿Cómo se pronuncian?
Pista 8

16 Completa con *c* o con *z*.

1. Lu__ía habla fran__és.
2. A ter__era hora tengo clase de Cien__ias Naturales.
3. La biblioteca del colegio __ervantes está en la dé__ima planta.
4. Soy de Bar__elona y vivo en __arago__a.
5. En clase hay muchos lápi__es y una pi__arra.

17 Escucha y subraya las letras que representan el sonido /θ/.

Pista 9

1. Las zapatillas son azules y blancas.
2. Me llamo Cristina y soy de Ceuta, pero vivo en Zamora.
3. Hay una cebra en el zoo.
4. En mi clase de Español hay una pizarra digital, muchos libros y diccionarios.
5. Mi teléfono es: seis, tres, cinco, doce, veinticuatro, dieciséis.

Mapa de vocabulario: el cole

18 Con tu compañero, haz un mapa con todas las palabras que has aprendido relacionadas con el colegio.

materiales

asignaturas

espacios
gimnasio

otros

Unidad 3

1 Completa la serie.

a. Veintitrés, veinticuatro, veinticinco, veintiséis, _____.
b. Treinta y uno, treinta y tres, treinta y cinco, _____, treinta y nueve.
c. Veinte, treinta, cuarenta, _____, sesenta.
d. Setenta, setenta y dos, setenta y cuatro, _____, setenta y ocho.
e. Noventa y seis, noventa y siete, noventa y ocho, noventa y nueve, _____.

2 Escribe el número correcto con letras.

a) El mes de julio tiene _____ días.

b) España tiene _____ Comunidades Autónomas.

c) Isabel tiene _____ años.

d) La ruta _____ está en Estados Unidos.

3 Con tu compañero, realiza operaciones hasta conseguir el número final. ¡Gana la pareja que termine primero!

			Número final
51	36	40	47
9	8	28	100
10	2	9	72

+ se dice **más**
- se dice **menos**
x se dice **por**
: se dice **entre**
*Ejemplo: dos **más** cinco **son** siete*

Escribe el femenino de las profesiones.

Masculino	Femenino
1. Médico	Médica
2. Director	
3. Ingeniero	
4. Cocinero	
5. Camarero	
6. Profesor	
7. Abogado	
8. Estudiante	
9. Policía	

 Relaciona estos dibujos con algunas de las profesiones del ejercicio anterior.

9

6 Ahora, completa con los lugares de trabajo de cada profesión.

a. Mi tío Tuncay es cocinero y trabaja en un _____.
b. Mi prima Eirini es profesora y trabaja en un _____.
c. Mi hija Melanie es estudiante y estudia en la _____.
d. Mi abuelo Peter es ingeniero y trabaja en una _____.
e. Mi padre es médico y trabaja en un _____.

restaurante — colegio — universidad — oficina — hospital

7 Completa el crucigrama con los miembros de la familia.

3. sobrino

Horizontal
1. La hermana de mi primo es mi...
3. El hijo de mi hermano es mi...
4. La hija de mis padres es mi...
5. El hermano de mi padre es mi...
6. La hija de mi hermana es mi...

Vertical
1. El hijo de mis tíos es mi...
2. Los padres de mi madre son mis...
5. La hermana de mi madre es mi...

CUADERNO DE ACTIVIDADES

8. Completa el diálogo con estas palabras. Después, escucha y comprueba.

tía — ~~hermana~~ — hermano — madre — padres — abuelo — sobrina — padre

- ▲ Madre: ¡Oye, Javi! ¿Qué tal la comida en casa de tu amigo Pablo?
- ● Javi: ¡Muy bien, mamá! Sus _____ son muy simpáticos y divertidos. También está su _____ que tiene setenta y dos años. Se llama Pablo, como él.
- ▲ Madre: ¿Y qué tal?
- ● Javi: Es un hombre un poco tímido, no habla mucho, pero es muy cariñoso.
- ▲ Madre: ¡La comida, digo!
- ● Javi: ¡Ahh! ja, ja… ¡Muy bien! Hay pollo a la naranja y arroz con verduras. También hay flan de postre.
- ▲ Madre: ¡Qué bien suena! ¿Cocinan sus padres? ¿Ellos trabajan?
- ● Javi: Sí, trabajan. Su _____ es abogada y su _____ es cocinero. Tiene un restaurante con su _hermana_ que es la _____ de mi amigo Pablo.
- ▲ Madre: ¿Pablo tiene hermanos? Ahora no me acuerdo…
- ● Javi: Sí, tiene un _____ pequeño que se llama Lucas. Tiene siete años y también va a nuestro cole. Tiene el pelo rizado y unas gafas rojas, ¿te acuerdas?
- ▲ Madre: ¡Es verdad! Está en clase con la _____ de mi amiga Marga. ¡Pues pásalo muy bien, Javi! Llámame luego. Un besito.
- ● Javi: Vale, mamá. Un beso.

8.1 Escucha de nuevo y contesta a las preguntas.

1. ¿Cómo son los padres de Pablo? _____
2. ¿Cómo es el abuelo de Pablo? _____
3. ¿Cómo es el hermano de Pablo? _____

8.2 Ahora imagina: ¿Cómo es Javi? ¿Cómo es su madre?

Javi es…

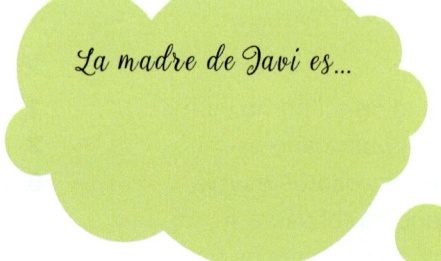

La madre de Javi es…

UNIDAD 3

9 Selecciona el posesivo correcto en cada foto. Después, escucha y comprueba.

1. Esta es mi hija, **su / tu** nombre es Sara.

2. Lucía, él es **mi / mis** primo Raúl. Es el hijo de mi tía Tere.

3. Chicos, esta es Mónica, **vuestra / sus** nueva compañera.

4. ¡Oh, no! **Mi / Vuestro** móvil está roto.

10 Forma frases uniendo las palabras de las tres columnas.

1. Mis padres   es   altos y delgados.
2. Pedro   son   gafas.
3. ¿Tu hermana   llevo   la chica bajita?
4. Yo   tiene   barba.

11 Elige a una de estas familias y descríbela. Después lee la descripción a tu compañero y él adivina qué familia es.

Familia Santana Martín

Familia Santos Valdés

Familia García Pérez

_____
_____
_____
_____

ciento siete

CUADERNO DE ACTIVIDADES

12 Relaciona las dos columnas.

1. Trabajar	a. en España
2. Vivir	b. un correo electrónico
3. Hablar	c. música
4. Estudiar	d. en una oficina
5. Escuchar	e. una hamburguesa
6. Tener	f. tres idiomas
7. Escribir	g. Ciencias Sociales
8. Comer	h. el pelo moreno y largo

13 Completa las frases con la forma correcta de los verbos.

a. ¿_____ (bailar, tú) salsa?
b. Yo _____ (hablar) cuatro idiomas.
c. Azahara y yo _____ (escribir) un mensaje.
d. Mis abuelos _____ (vivir) en Buenos Aires.
e. Mi primo Juan _____ (trabajar) en un hospital.
f. Vosotros _____ (aprender) español en el colegio.
g. Todos los días Marisol y yo _____ (comer) en el restaurante.

14 Busca en esta sopa de letras ocho adjetivos de carácter.

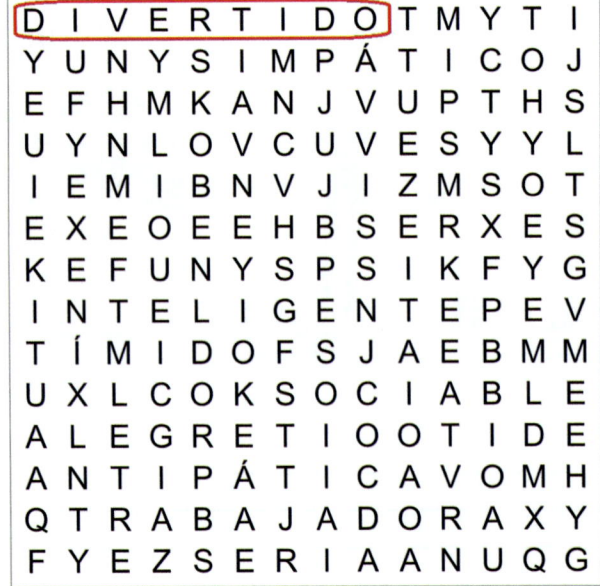

14.1 Completa las frases con algunos adjetivos de la sopa de letras anterior. Después, escucha y comprueba.

> ¡Hola! Me llamo Milena y soy colombiana. Mi familia es muy grande, vivimos todos en el mismo barrio de Palmira. Mi abuelo se llama Ernesto y es muy _____: tiene muchos amigos y conoce a todos los vecinos. Mi abuela se llama Milena, como yo. Es una señora muy _____: todos los días ayuda en el comedor social del barrio y por las tardes escribe para el periódico local.
>
> Mi padre se llama Juan David y es cocinero. No habla mucho porque es un poco _____, pero tiene un corazón muy grande. Mi madre se llama Luisa Fernanda y es policía. Por las noches estudia en la universidad y es muy _____: tiene las mejores notas de toda la clase.
>
> Mi hermano Sebastián tiene veinte años y vive en una ciudad llamada Cali, pero comemos toda la familia junta los fines de semana. Es muy _____ y sabe muchos chistes porque siempre escucha programas de humor en la radio.

14.2 Mira los verbos en verde en el ejercicio anterior y completa la tabla.

Forma verbal	Verbo	En mi idioma se dice...
soy (yo)	ser	
vivimos (nosotros)	vivir	
conoce (él)		
ayuda (ella)		
escribe (ella)		
habla (él)		
tiene (él)		
estudia (ella)		
comemos (nosotros)		
escucha (él)		

CUADERNO DE ACTIVIDADES

15 Completa con *g* o con *j*.

1. En mi cole__io, el aula de Nuevas Tecnolo__ías y el __imnasio están en la planta ba__a.

2. __ulia es muy inteli__ente y traba__adora: estudia __aponés, dibu__a y tiene buenas notas.

3. El __ueves a se__unda hora tenemos clase de Dibu__o.

4. En Bél__ica hay mucha __ente que tiene los o__os azules.

16 Lee el texto y relaciona cada personaje con su foto.

Cuéntame es una serie española muy famosa que está en la televisión desde el año 2001. Habla de una familia típica española: la familia Alcántara Fernández.

Antonio es el padre, es un hombre alto y delgado. Tiene bigote y el pelo blanco. Es un hombre muy trabajador. **Merche** es la madre de la familia. Es una mujer un poco tímida, pero muy inteligente. Ella trabaja en una tienda de ropa y también estudia. Es una mujer rubia, con el pelo corto y ondulado. Tiene los ojos pequeños y azules. Antonio y Merche tienen cuatro hijos: **Inés** es la hija mayor. Es morena y muy guapa. Su hermana pequeña se llama **María**, también es morena y lleva gafas.

Toni es periodista, es un chico rubio con barba y tiene los ojos pequeños y azules, como Merche. A Carlos, el hermano pequeño, le llaman "**Carlitos**". Es un chico guapo, moreno y con el pelo ondulado. Tiene los ojos oscuros y grandes. La familia Alcántara es una familia muy especial en la televisión española.

1. _____
2. _____
3. _____
4. _____
5. _____
6. _____

16.1 ¡Ahora tú! Piensa en una familia famosa de la tele en tu país y descríbela en tu cuaderno.

Mapa de vocabulario: las personas

17 Con tu compañero, haz un mapa con todas las palabras que has aprendido relacionadas con la descripción de personas.

¿Sabías qué...?

En español, cuando escribimos el sonido de la risa ponemos "ja, ja, ja".
Ejemplo:
– Hola, chicos. Soy la chica nueva de clase. Me llamo Juliana y soy de Córdoba.
– ¡Qué guay, eres española!
– ¡No! Soy de Córdoba, Argentina :P
– ¡Ups! ¡Lo siento! Ja, ja, ja.

Unidad 4

1 Relaciona cada afición con su imagen. ¡Atención! Sobran cuatro aficiones.

1. bailar
2. cocinar
3. hacer deporte
4. nadar
5. ver una serie
6. leer
7. escuchar música
8. enviar mensajes
9. jugar a videojuegos
10. tocar un instrumento

2 Contesta con tu opinión.

a. A mí me gusta bailar, ¿y a ti? _____
b. A Kike le gusta escuchar música rock, ¿y a ti? _____
c. A Nico le gusta ver series en la tele, ¿y a ti? _____
d. A Carmen no le gusta usar el móvil, ¿y a ti? _____
e. A nosotros no nos gusta jugar a videojuegos, ¿y a ti? _____

3 Lee los textos y escribe el nombre debajo de cada persona.

En mi casa vivo con mis padres, mi hermana y mi primo Dani. Dani es muy cariñoso, es vegetariano y le encanta cocinar.

Tengo una hermana, tiene veintidós años y se llama Lydia. Le encantan los animales y todos los días sale a pasear con su perrita Gordi.

Mi amigo Jesús David es español, pero vive en Escocia. Le encanta el fútbol, pero su afición favorita es el teatro. ¡Le encantan las obras de Shakespeare!

Esta es mi amiga Patri. Tiene 30 años y le gusta mucho dibujar. Es una artista muy buena, en su casa hay muchos cuadros de flores y paisajes.

Mi padre se llama Miguel, es bajito y lleva bigote. Le encanta la música: el flamenco, los boleros... Le gusta mucho tocar la guitarra y el saxofón.

Esta es mi madre. Se llama Lourdes y es muy simpática. Le encanta leer novelas y beber té. Le gusta estar en forma y comer fruta.

CUADERNO DE ACTIVIDADES

4 Imagina y completa la ficha.

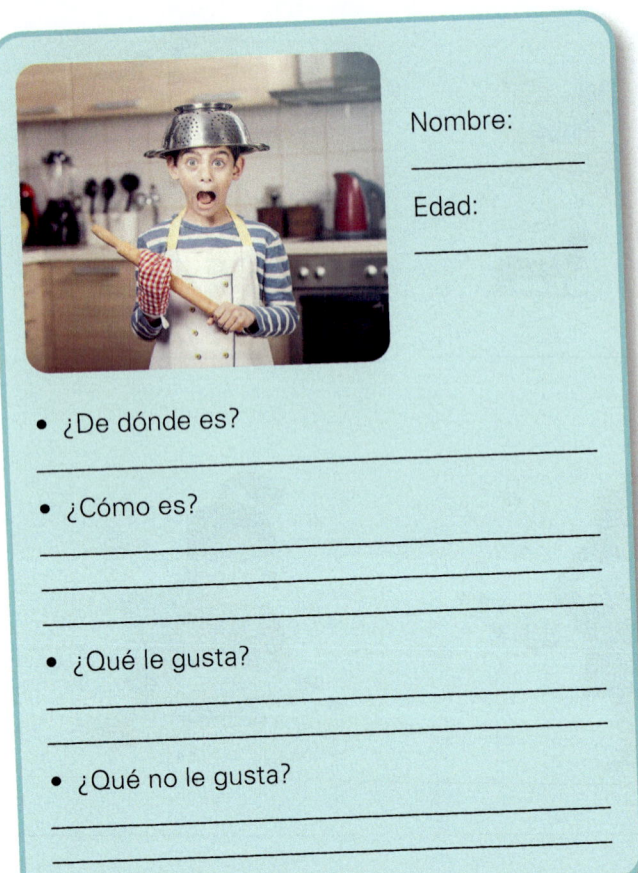

Nombre: _____

Edad: _____

- ¿De dónde es?
  _____
- ¿Cómo es?
  _____
  _____
  _____
- ¿Qué le gusta?
  _____
  _____
- ¿Qué no le gusta?
  _____
  _____

Nombre: _____

Edad: _____

- ¿De dónde es?
  _____
- ¿Cómo es?
  _____
  _____
  _____
- ¿Qué le gusta?
  _____
  _____
- ¿Qué no le gusta?
  _____
  _____

5 Lee el mensaje de Julián y después completa el mensaje de Jorge con *mucho*, *también* y *tampoco*.

¡Hola amigos! ¿Cómo estáis? Me llamo Julián. Soy español, de Valencia. En mi tiempo libre me gusta mucho jugar al fútbol. También me gusta estar en casa con mis amigos y ver los partidos de fútbol en la tele. Y por último no me gusta nada ver películas de terror.

¡Hola, Julián! Me llamo Gabriel. Soy mexicano. A mí me gusta _____ el fútbol _____. Los fines de semana juego al fútbol con mis amigos y _____ vemos los partidos juntos en la tele. ¿Sabes? A mí _____ me gustan las películas de terror pero sí me gustan _____ las películas como "La Guerra de las Galaxias".

114 ciento catorce

6 Completa el diálogo. Después escucha y comprueba.

tampoco / te gusta / gusta (x2) / mucho / gustan (x2) / nada / sí

María: Cristina, ¿a ti qué te (1) .... hacer en tu tiempo libre? ¿(2) .... algún deporte?

Cristina: No, la verdad. Estoy apuntada en el polideportivo de nuestro barrio, pero no voy casi nunca. A veces practico Zumba, porque me gusta (3) .... bailar.

María: ¿Y qué bailes te (4) ....?

Cristina: Me (5) .... los bailes latinos: la salsa, la bachata, el merengue… pero no me gusta .... el reguetón.

María: A mí (6) .... me gusta el reguetón, es muy aburrido. Escucho algunas canciones, pero no me gusta ni el reguetón, ni el trap.

Cristina: ¿No te (7) .... el trap? ¡A mí (8) ....! Tengo muchas canciones de trap en mi móvil. Mi cantante favorita es Rosalía: es una mezcla de trap y flamenco, muy guay.

7 Escribe qué dicen.

a mí también
a mí no
a mí sí
a mí tampoco

Me gusta estar con mis amigos.

No me gusta estudiar Matemáticas.

No me gusta el queso.

¡Me encanta este juego!

ciento quince

CUADERNO DE ACTIVIDADES

8 Completa con *c*, *qu* o *k*.

Me llamo Ra__el. En mi __olegio tenemos __lase los cin__o días de la semana.

__ince sábados al año tenemos __lase los sábados, pero nun__a los domingos.

Los sábados, después del __olegio, vamos a __omer al par__e. Normalmente, __omemos un bo__adillo y un __iwi. El bo__adillo __e más nos gusta es el de __eso.

9 Clasifica los nombres contables e incontables.

patatas – azúcar – limón – sal
naranja – manzana – leche – cebolla – agua
pan – huevos queso – mandarina – aceite
tomate plátano – arroz – café – fresa
pimiento – miel

Contables	Incontables

10 Busca en la sopa de letra el nombre de estas frutas y verduras.

```
Z A N A H O R I A I X R A I N L
Y Y Q E O Q A P R A L X S W A W
Y P E M I A A A T T E E A T R Y
O E I Y B O U T Y Y C I W Z A C
V P F I Y R U A Q O H A D C N Z
R U Y S O F Z T U X U Y U Q J S
O Q D O O P G A O A G O I E A Y
U T W H N F C E V E A C G I E X
M O B O W I P V W N R U I R U F
A M Z B I O E P T X E O P E R A
N A D E U O H L V Y N Z D F V R
Z T H G F W Y A K O X O S F S A
A E U K Y P C T O H Y N E M A D
N U E M Y R N A P U E I S Z P J
A E A A R A B N W O H O C E V O
G F W R E I K O Y R G B H S R U
```

_____

_____

_____

_____

_____

_____

_____

_____

11 **Relaciona.**

a) **Leche, yogur y queso** (número ____)
b) **Pan, pasta y arroz** (número ____)
c) **Carne, pescado** (número ____)
d) **Frutas** (número ____)
e) **Grasas y dulces** (número ____)
f) **Verduras** (número ____)

11.1 **Completa la tabla con tus datos y pregunta a tu compañero.**

¿Comes verdura todos los días?

Todos los días, no. Solo a veces.

Expresiones de frecuencia
– Siempre / Todos los días
– Normalmente
– A veces
– Nunca

	Todos los días	Normalmente	A veces	Nunca
Pan, pasta y arroz				
Fruta y verdura				
Leche, yogur y queso				
Carne, pescado y huevos				
Grasas y dulces				

ciento diecisiete

CUADERNO DE ACTIVIDADES

  12 Escucha de nuevo la pista 10 sin leer el texto y señala qué come Javi en casa de Pablo.

☐ Yogur con frutas

☐ Pollo a la naranja

☐ Sopa de verduras

☐ Flan

☐ Arroz con verduras

☐ Arroz con huevo

13 Mira estas fotos y describe el desayuno de cada chica. Tu compañero adivina qué chica es. También puedes escribirlo en tu cuaderno.

El desayuno de Camila

El desayuno de Sila

El desayuno de Coral

 **14** Completa con las conjunciones (y / e / ni / o / u / pero). Después, escucha y comprueba.

1. Me gustan mucho las frutas, mis favoritas son las peras _____ las fresas.
2. Normalmente desayuno leche con cereales, _____ a veces desayuno yogur con fruta.
3. No me gustan los dulces: _____ los helados _____ los bollos.
4. ¿Comemos pollo con patatas _____ pescado con ensalada?
5. No bebo café, _____ sí bebo mucha agua _____ infusiones.

15 ¿Y a ti? Responde con tu opinión.

A mí...

_____
_____
_____

A mí...

_____
_____
_____

16 Completa el test para saber si tienes una vida saludable.

1. ¿Desayunas leche con fruta o queso?
   a) todos los días   b) a veces   c) nunca
2. Por la tarde, ¿ves la televisión o juegas a la consola?
   a) nunca   b) a veces   c) todos los días
3. ¿Cuánto duermes por las noches?
   a) mucho   b) bastante   c) poco
4. ¿Comes fruta y verdura?
   a) todos los días   b) a veces   c) nunca
5. ¿Duermes ocho horas o más?
   a) todos los días   b) a veces   c) nunca
6. ¿Comes pizzas y hamburguesas?
   a) nunca   b) a veces   c) todos los días

Mayoría de respuestas

A
¡Felicidades! :) Tienes un estilo de vida ideal. Te gusta estar bien: _Mente sana en cuerpo sano._

B
En general, tu estilo de vida no es malo, pero puedes cambiar algunas cosas. Es importante comer y dormir bien todos los días.

C
No tienes una vida sana. Si comes mal, no haces deporte y no duermes bien, puedes tener problemas.

Mapa de vocabulario: la comida

17 Con tu compañero, haz un mapa con todas las palabras relacionadas con la comida que has aprendido.

ciento diecinueve **119**

CUADERNO DE ACTIVIDADES

Unidad 5

1 Clasifica las palabras de esta nube.

Partes de la casa	Muebles de la casa

2 Lee y elige la opción correcta.

1. Mi casa es muy grande y bonita. El baño y la cocina están en la planta baja. En la primera planta está el dormitorio de mis padres y mi dormitorio. Allí tengo un escritorio, mi ordenador y mis libros.

2. El salón de mi tía es muy luminoso. Tiene un sofá muy cómodo y una estantería con libros. Está decorado con un reloj blanco y rojo. También tiene plantas y flores, y hay tres cuadros.

120 ciento veinte

3. El nuevo baño de mi casa es muy amplio. Tiene una ducha, un váter, un lavabo y un espejo. Las paredes son verdes y el suelo es gris. ¡Es muy guay!

3 Escribe el contrario de estos adjetivos.

1. Amplio: _____
2. Bien comunicado: _____
3. Grande: _____
4. Moderno: _____
5. Nuevo: _____
6. Cómodo: _____
7. Luminoso: _____

3.1 Completa las frases usando los adjetivos de la actividad anterior. Después, escucha y comprueba.

Pista 15

A. La casa de Juan es bastante _____, es del siglo XVIII.

B. Mi apartamento está muy _____: está entre la estación de trenes y la de autobuses.

C. No me gusta esta casa para nada. Tenemos muchos muebles y esta casa no es _____. Es muy _____ para colocar todos los muebles.

D. El salón es bastante _____ porque tiene cuatro ventanas exteriores.

E. El domingo compro una cama nueva porque mi cama es muy _____, no puedo dormir bien.

4 Ordena las preguntas.

1. ¿ / el / está / dónde / baño / ?
2. ¿ / armario / qué / el / es / de / color / ?
3. ¿ / dormitorio / es / tú / cómo / ?
4. ¿ / usas / la / qué / estantería / para / ?
5. ¿ / en / cocina / hay / la / qué / ?
6. ¿ / es / hora / qué / ?

4.1 Relaciona las respuestas con las preguntas anteriores.

A. Son las diez y cuarto.
B. Para colocar mis libros.
C. Es marrón.
D. Está al lado del salón.
E. Hay un frigorífico, un horno y una cocina.
F. Es muy luminoso y amplio.

CUADERNO DE ACTIVIDADES

5 ¿Para qué utilizas...? Relaciona las dos columnas.

Utilizo...

1. el reloj
2. la estantería
3. la cama
4. la televisión
5. el sofá
6. el armario
7. el escritorio

a. para sentarme
b. para colocar los libros
c. para mirar la hora
d. para poner la ropa
e. para estudiar
f. para ver películas
g. para dormir

6 Escribe frases en tu cuaderno con los verbos *ser* o *estar*.

Cocina / grande: *La cocina es grande.*   Armario / escritorio: *El armario está al lado del escritorio.*

1. Sofá / incómodo
2. Coche / casa
3. Espejo / baño
4. Mesilla de noche / cama
5. Salón / amplio
6 Dormitorio / baño
7. Televisión / grande
8. Frigorífico / cocina

7 ¿Qué está buscando Alberto? Escucha y señala la opción correcta.

Pista 16

Audio 1:   a) El reloj   b) La guitarra   c) El ordenador portátil
Audio 2:   a) El reloj   b) La guitarra   c) El ordenador portátil
Audio 3:   a) El reloj   b) La guitarra   c) El ordenador portátil

8 Escucha y completa con r o rr.

1. ce __o
2. a__roz
3. __epite
4. __ojo
5. ho__a
6. __opa
7. ve__de
8. ce__eales

¡Rrrrrrrrrrrrrrrrrrrrrrrrrrrrrrr!

9 Completa los diálogos con este / esta / estos / estas, ese / esa / esos / esas, aquel / aquella / aquellos / aquellas. Después, escucha y comprueba.

- Mira _____ vídeo de mi cantante favorito.
- ¡Enrique Iglesias es mi cantante favorito también!

- ¡Mira _____ nube de allí! Tiene forma de corazón.
- ¡Qué guay es! ¡Me encanta!

- _____ son las fotos que tengo del concierto.
- ¡Son increíbles!

- ¿Quién es _____ chico que lleva gafas?
- ¡Es el nuevo alumno! Se llama Alex.

- No me gusta nada _____ crema de verduras.
- ¡A mí sí! Me encantan las verduras.

- ¿Le gusta _____ manzana roja o _____ verde?
- La roja, por favor.

CUADERNO DE ACTIVIDADES

10 Lee y repasa.

10.1 ¿Qué hora es?

UNIDAD 5

11 Contesta.

a. ¿A qué hora **estudias** en casa normalmente? A las _____.

b. ¿A qué hora **comes** todos los días? _____.

c. ¿A qué hora **abre** tu colegio por las mañanas? _____.

d. ¿A qué hora **es** tu programa de televisión favorito? _____.

e. ¿A qué hora **tienes** clases de Matemáticas? _____.

12 Completa el cuadro.

	Estudiar	Comer	Vivir	Tener
Yo				
Tú				
Él / ella / usted				
Nosotros / nosotras				
Vosotros / vosotras				
Ellos / ellas / ustedes				

12.1 Contesta con tu opinión.

A. Todos los días **estudio** inglés   *Yo también.*

B. Me gusta **estudiar** matemáticas.   _____

C. Ellos **comen** todos los días en el colegio. _____

D. Raúl no **tiene** hermanos.   _____

E. Nosotros **vivimos** al lado del colegio.   _____

13 Subraya los tres errores en la descripción de estas habitaciones.

En la habitación de Pedro, hay un ordenador en la mesa, unos pantalones en la cama, una guitarra a la izquierda de la estantería, una silla roja a la derecha de la mesa y unas zapatillas al lado de la cama.

En la habitación de Juan, hay un ordenador en la cama, una guitarra en la estantería, una silla al lado de la mesa y un libro en la cama.

ciento veinticinco **125**

CUADERNO DE ACTIVIDADES

14 Vamos a hacer un juego. Piensa en un objeto de la habitación de Dani. Tu compañero debe adivinar cuál es.

– ¿Está a la derecha de la cama?
– No, está a la izquierda de la mesa.
– ¿Al lado de la estantería?
– Sí.
– Ya sé... Es la guitarra.

15 Describe y dibuja tu habitación ideal.

Mi habitación ideal es... _____

UNIDAD 5

Mapa de vocabulario: la casa

16 Con tu compañero, haz un mapa con todas las palabras que has aprendido relacionadas con la casa.

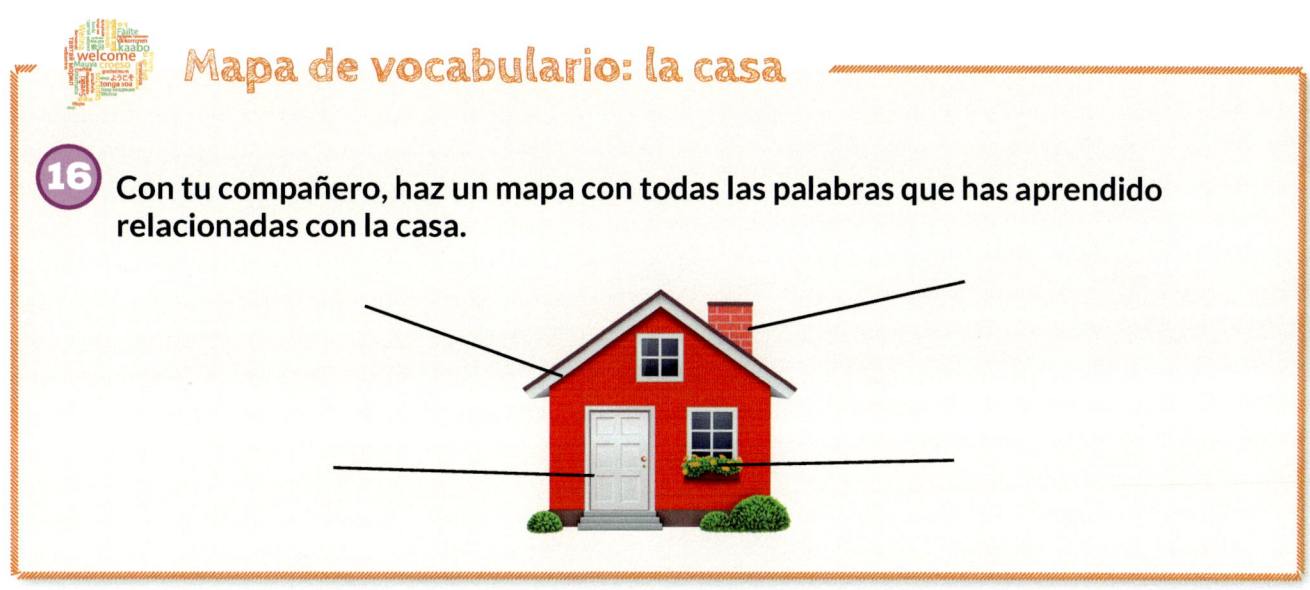

¡Ya terminamos el libro!
¿Qué es lo que más te gusta del curso?

Mi palabra favorita en español

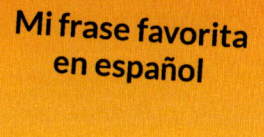

Mi frase favorita en español

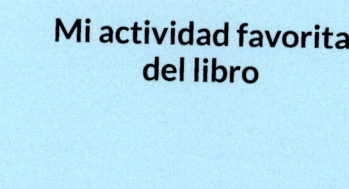

Mi actividad favorita del libro

Mi unidad favorita del libro

ciento veintisiete

Diccionario visual

Diccionario visual

1. Mira las imágenes y completa los objetos de la clase.

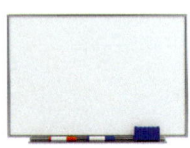

1. B _ _ _ _ _ _ _ _
2. L _ _ _ _
3. _ _ d _ _ _ _ _ _
4. C _ _ _ _ _ _ _
5. _ i _ _ _
6. _ _ t _ _ _ _
7. M _ _ _ _ _ _
8. _ _ _ l _
9. _ _ _ a
10. G _ _ _
11. _ _ _ u _ _ _ _ _
12. _ _ _ _ r _ _
13. S _ _ _ _ _ _ _ _ _
14. _ _ _ _ _ a _
15. P e g a m e n t o

2. Completa la tabla de los números.

1	2	3	4	5
Uno	....	....	....	Cinco
6	7	8	9	10
....	Siete	....	....	Diez
11	12	13	14	15
Once	....	Trece	....	....
16	17	18	19	20
....	Diecisiete	....	Diecinueve	....

3. Relaciona las frases con los iconos.

1. ¿Puedes repetir?
2. ¿Cómo se dice?
3. ¿Cómo se escribe?
4. ¿Qué significa?

4. Relaciona los países hispanohablantes con las nacionalidades y escribe.

1. España	a. peruano / a	1. n
2. Panamá	b. nicaragüense	2.
3. Ecuador	c. venezolano / a	3.
4. Paraguay	d. guatemalteco / a	4.
5. Argentina	e. mexicano / a	5.
6. Chile	f. boliviano / a	6.
7. Uruguay	g. colombiano / a	7.
8. Colombia	h. costarricense	8.
9. Bolivia	i. cubano / a	9.
10. Venezuela	j. salvadoreño / a	10.
11. República Dominicana	k. ecuatoriano / a	11.
12. Cuba	l. hondureño / a	12.
13. Puerto Rico	m. uruguayo / a	13.
14. Costa Rica	n. español / a	14.
15. Honduras	ñ. dominicano / a	15.
16. Guatemala	o. chileno / a	16.
17. Nicaragua	p. argentino / a	17.
18. El Salvador	q. puertorriqueño / a	18.
19. Guinea Ecuatorial	r. panameño / a	19.
20. México	s. paraguayo / a	20.
21. Perú	t. ecuatoguineano /a	21.

5. Mira las fotos y completa.

estudiante | futbolista | actor | cantante | profesora | tenista

1. Selena Gómez es ....
2. Gael García Bernal es ....
3. Rafael Nadal es ....

4. Luisa es ....
5. Iniesta es ....
6. Marta es ....

ciento treinta y uno 131

Diccionario visual

1. Relaciona y escribe.

1. amarillo
2. verde
3. azul
4. rojo
5. rosa
6. naranja
7. marrón
8. gris
9. blanco
10. negro

2. Mira los emoticonos y escribe cómo está.

muy mal | regular | bien | fatal | muy bien | mal

1. ....
2. ....
3. ....
4. ....
5. ....

3. Mira los datos y completa.

correo electrónico | nombre | edad | nacionalidad

ESTUDIANTE

.... : Roberto
.... : Mexicano
.... : 12 años
.... :
roberto@queguay.com

4. Completa la tabla de los países y sus nacionalidades.

País	Nacionalidad Masculina	Nacionalidad Femenina
Italia	italian**o**	
Portugal		portugues**a**
Grecia	grieg**o**	
Irlanda		irlandes**a**
Brasil	brasile**ño**	
Canadá		canad**iense**
Japón	japon**és**	
Estados Unidos		estadoun**idense**
Rusia	rus**o**	
Turquía		turc**a**
China	chin**o**	
Bulgaria		búlgar**a**
Polonia		polac**a**
Inglaterra	ingl**és**	

5. Escribe: Buenas tardes / Buenas noches / Buenos días.

6. Completa las despedidas.

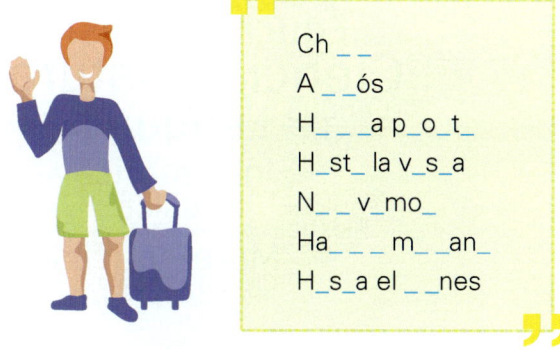

"
Ch _ _
A _ _ ós
H _ _ _ a p_o_t_
H_st_ la v_s_a
N _ _ v_mo_
Ha _ _ _ m _an _
H_s a el _ _ nes
"

Diccionario visual

1. Escribe las partes del colegio.

El laboratorio | La biblioteca | La cafetería | El gimnasio | El salón de actos
La sala de Informática | La clase | El despacho | El jardín

1. .... 2. .... 3. ....

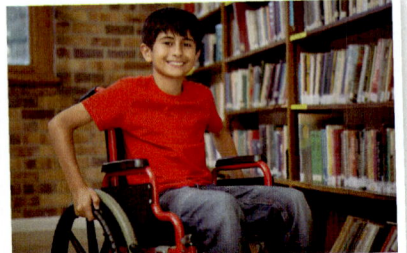

4. .... 5. .... 6. ....

7. .... 8. .... 9. ....

2. Mira la imagen y escribe las asignaturas.

1. ....
2. ....
3. ....
4. ....
5. ....
6. ....
7. ....
8. ....
9. ....

3. Completa: fantástico / buena / aburrida / serio / simpático / divertida.

1. El profesor de Lengua es muy ....
2. La clase es ....
3. Camila Cabello es una muy .... cantante.

4. El profesor es muy ....
5. La clase es muy ....
6. El chico está ....

4. Completa los días de la semana.

5. Escribe: muchos / bastantes / pocos.

1. Hay .... libros.
2. Hay .... libros.
3. Hay .... libros.

6. Completa los números ordinales.

1. P _ _ m _ _ _
2. S _ _ _ _ d _
3. _ e _ _ _ o
4. _ _ a _ _ o
5. Q _ _ n _ _
6. _ _ x _ o
7. S _ _ t _ _ _
8. O c _ _ _ o
9. _ o _ _ _ _
10. _ é _ _ _ _

ciento treinta y cinco 135

Diccionario visual

1. Rodea los miembros de la familia.

tíoprimaabuelomadrehermanahijosobrinaprimoabuelahijapadresbrinohermanotía

2. Mira la imagen y escribe las profesiones en masculino y en femenino.

1. cocinero → cocinera
2. ....
3. ....
4. ....
5. ....
6. ....
7. ....
8. ....
9. ....
10. ....

3. Escribe los números.

4. Clasifica los adjetivos de aspecto y de carácter.

inteligente | moreno | cariñoso | bajito | gordo | alegre | alto | delgado | calvo
divertido | trabajador | pelirrojo | rebelde | sociable | mediano | rubio

Adjetivos del aspecto:
moreno,

Adjetivos del cáracter:
inteligente,

5. Completa la tabla.

El p _ _ _	Los o _ _ _	El b _ _ _ _ _	La b _ _ _ _
c _ r t _	o _ c _ ro_		
l _ _ g _	c _ a _ os		
l_s_	g _ an _ _ s		
r _ z _ d_	pe _ u _ ño _		
on _ _ l _ _ o	_z _ _ es		
m _ r e _ _	v _ r _ _ s		
ru _ _ o	m _ _ r _ n _ s		
b _ a n _ _	n _ g _ os		
c _ s _ _ ñ _			
p_ l _ rr_ j_			

6. Traduce a tu idioma.

1. Aprender: ....
2. Vivir: ....
3. Trabajar: ....
4. Abrir: ....
5. Estudiar: ....

7. Escribe debajo de cada foto el verbo.

bailar | mirar | cantar | escuchar | hablar
leer | escribir | comer | beber | correr

a. ....

b. ....

c. ....

d. ....

e. ....

a. ....

b. ....

c. ....

d. ....

e. ....

Diccionario visual

1. Relaciona.

A

J

I

B

1. leer cómics
2. cocinar
3. jugar al baloncesto
4. ver la tele
5. hacer deporte
6. enviar mensajes
7. estar con los amigos
8. nadar en la piscina
9. tocar un instrumento
10. montar en bici
11. navegar por internet

H

C

G

D

E

F

2. Completa los adverbios de frecuencia.

Todos los días
S..........................
N..........................
A..........................
Nunca

3. Relaciona.

1. Por la mañana
2. A mediodía
3. Por la tarde
4. Por la noche

a. Desayuno
b. Cena
c. Merienda
d. Comida

4. Clasifica los alimentos.

galletas | huevos | helado | plátano | queso | cebolla | arroz | azúcar
pasta | zumo | leche | aceite | lechuga | yogur | miel | pollo | fresa
pimiento | mantequilla | manzana | mandarina | tomate | zanahoria
espinacas | pan | cereales | limón | pepino | pera | patata | filete | sal

Frutas	Verduras	Carne y pescado	Lácteos	Otros

5. Completa el crucigrama.

ensalada | refresco | hamburguesa | tarta
mermelada | magdalena | sopa | té | bocadillo

Diccionario visual

1. Escribe las partes de la casa.

jardín | garaje | baño | dormitorio | cocina | salón | terraza

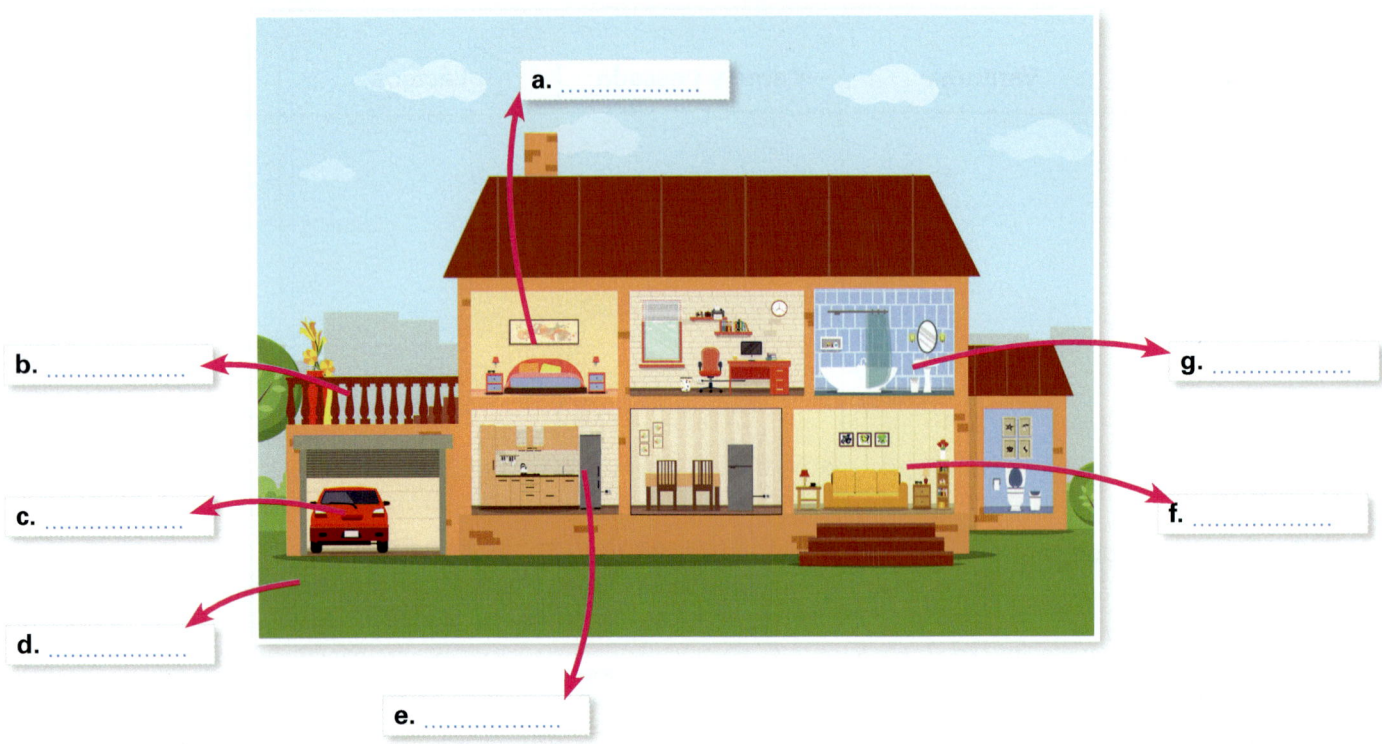

a. ....
b. ....
c. ....
d. ....
e. ....
f. ....
g. ....

2. ¿Dónde está el gusano?

delante | entre | encima | al lado | detrás | debajo

1. El gusano está .... de la manzana.

2. El gusano está .... de la manzana.

3. El gusano está .... de la manzana.

4. El gusano está .... de la manzana.

5. El gusano está .... de la manzana.

6. El gusano está .... de la manzana.

3. Escribe el nombre debajo de cada imagen.

1. .... 2. .... 3. .... 4. ....

5. .... 6. .... 7. .... 8. ....

9. .... 10. .... 11. .... 12. ....

13. .... 14. .... 15. .... 16. ....

4. Escribe los antónimos de los adjetivos.

1. Amplio / Espacioso	X	....
2.	X	Mal comunicado
3. Grande	X	....
4.	X	Antiguo
5. Nuevo	X	....
6.	X	Incómodo
7. Luminoso	X	....
8.	X	Sin amueblar
9. Bonito	X	....

- moderno
- feo
- cómodo
- bien comunicado
- oscuro
- estrecho
- amueblado
- pequeño
- viejo

ciento cuarenta y uno 141

ÍNDICE

0. El alfabeto

1. Los sustantivos
  1.1. El género de los sustantivos: masculino o femenino
  1.2. El número de los sustantivos: singular o plural

2. Los adjetivos
  2.1. El género y el número de los adjetivos
  2.2. La posición de los adjetivos

3. Los artículos
  3.1. Los artículos indefinidos
  3.2. Los artículos definidos

4. Los demostrativos

5. Los posesivos

6. Los numerales
  6.1. Los números cardinales
  6.2. Los números ordinales

7. Los indefinidos

8. Los pronombres personales sujeto

9. Los pronombres interrogativos

10. Las conjunciones

11. Los adverbios

12. Las preposiciones de lugar

13. El verbo
  13.1 El presente de indicativo
  13.1.a. El presente de indicativo de los verbos regulares
  13.2. Verbos de afección
  13.3. El verbo ser
  13.4. El verbo estar
  13.5. Hay/está(n)

14. Expresar finalidad: para + infinitivo

0. El alfabeto

Letra	Nombre	Sonido	Ejemplo / Tu ejemplo
A, a	a		**a**migo, ...
B, b	be		**b**olígrafo, ...
C, c	ce		**C**uba, ...
D, d	de		**d**eberes, ...
E, e	e		**e**stuche, ...
F, f	efe		, ...
G, g	ge		**g**oma, ...
H, h	hache		**h**otel, ...
I, i	i		**i**mpresora, ...
J, j	jota		**j**ueves, ...
K, k	ka		**k**ilo, ...
L, l	ele		**l**ápiz, ...
M, m	eme		**m**artes, ...
N, n	ene		**n**oviembre, ...
Ñ, ñ	eñe		espa**ñ**ol, ...
O, o	o		**o**rdenador, ...
P, p	pe		**p**izarra, ...
Q, q	cu		, ...
R, r	erre		**r**otulador, ...
S, s	ese		**s**acapuntas, ...
T, t	te		**t**axi, ...
U, u	u		**U**ruguay, ...
V, v	uve		**v**acaciones, ...
W, w	doble uve		, ...
X, x	equis		, ...
Y, y	i griega		, ...
Z, z	zeta		, ...

1. Los sustantivos (o nombres)

1.1. Los sustantivos: masculino o femenino

Los sustantivos (también llamados nombres) en español son masculinos o femeninos.

El profeso**r**

La profesor**a**

Masculinos	Femeninos
Los sustantivos que terminan en **–o** son, generalmente, masculinos: **el** libr**o**, **el** niñ**o**, **el** bolígraf**o**.	Los sustantivos que terminan en **–a** son, generalmente, femeninos: **la** pizarr**a**, **la** mes**a**, **la** mochil**a**.
Si terminan en **–e** o en consonante pueden ser masculinos o femeninos: el coche, la noche, el ordenador, la ciudad, el lápiz.	

1.2. El número de los sustantivos

Según el número, los sustantivos pueden estar en singular o en plural.

un libro

unos libros

Los sustantivos que terminan en **vocal** añaden **–s** para formar el plural: cuaderno → cuadernos, bolígrafo → bolígrafos, libro → libros.

Los sustantivos que terminan en **consonante** añaden **–es** para formar el plural: ordenador → ordenadores, rotulador → rotuladores.
La –z se transforma en –c, al añadir –es: lápiz → lápices.

Singular		Plural
Palabras terminadas en vocal: rus**o**, gom**a**, roj**o**	+ s	rusos, gomas, rojos
Palabras terminadas en consonantes: rotulado**r**, españo**l**	+ es	rotuladores, españoles
Palabras terminadas en -z: nari**z**, lápi**z**, andalu**z**	-z = -ces	narices, lápices, andaluces
Palabras terminadas en -ión: can**ción**, lec**ción**	-ion = -iones	canciones, lecciones

2. Los adjetivos

2.1. El género y el número de los adjetivos

Los adjetivos en español son masculinos o femeninos y tienen el mismo género y número que el sustantivo al que acompañan.

Género		
Masculinos	**Femeninos**	**Ejemplo:**
rojo	roja	**El** cuadern**o** roj**o** **La** mochil**a** roj**a**
alto	alta	Mi herman**o** es alt**o**. La profesor**a** es alt**a**.
español	española	**Él** es español. **Ella** es español**a**.

Algunos adjetivos no varían en género:

alegre ➔ Él es alegre / Ella es alegre   canadiense ➔ Él es canadiense / Ella es canadiense

Número		
Singular	**Plural**	**Ejemplo:**
rojo	rojos	**El** cuadern**o** roj**o** **Los** cuadern**os** roj**os**
alta	altas	La profesor**a** es alt**a**. Las profesor**as** son alt**as**.
español	españoles	**Él** es español **Ellos** son español**es**.

2.2. La posición de los adjetivos

En español, la posición más común para el adjetivo es detrás del sustantivo.

Tengo un <u>cuaderno</u> <u>verde</u>.   Es un <u>chico</u> <u>alto y moreno</u>.
          sustantivo adjetivo   sustantivo adjetivo

3. Los artículos

3.1. Los artículos indefinidos

El artículo indefinido se utiliza cuando hablamos por primera vez de un sustantivo o cuando lo presentamos sin especificar.

En la clase hay **unas** mesas.   ¿Puedes dejarme **un** bolígrafo?

El artículo indefinido concuerda en género y número con el sustantivo.

En la clase hay un**a** pizarr**a**.   En la mesa hay un**os** cuadern**os**.

Indefinidos	Singular	Plural
masculino	un lápiz	unos lápices
femenino	una pizarra	unas pizarras

3.2. Los artículos definidos

El artículo definido se utiliza cuando el sustantivo **no es nuevo** para el oyente. También usamos los artículos definidos para los **días de la semana**: el lunes, el martes, el miércoles...

"¿Puedes darme el cuaderno?"

"Profesor, ¿dónde está la biblioteca?"

El artículo definido concuerda en género y número con el sustantivo.

Tengo el cuaderno.   Me gustan las zapatillas rojas y verdes.

Indefinidos	Singular	Plural
masculino	el lápiz	los lápices
femenino	la pizarra	las pizarras

El artículo tiene dos formas contractas:

a + el = al   Me gusta ir a el colegio.   Me gusta ir al colegio.
de + el = del   El ordenador de el profe.   El ordenador del profe.

4. Los demostrativos

Los adjetivos y los pronombres demostrativos sirven para marcar la distancia que existe entre determinados seres y objetos y la persona que habla. Para entenderlo, mira primero estos dibujos sobre los <u>adverbios de lugar</u>:

AQUÍ	AHÍ	ALLÍ
personas o cosas que están cerca del hablante	personas o cosas que están a poca distancia del hablante, y cerca del otro	personas o cosas que están lejos del hablante y de la otra persona

ciento cuarenta y siete

DEMOSTRATIVOS				
	Masculino		Femenino	
	Singular	Plural	Singular	Plural
AQUÍ (cerca)	este	estos	esta	estas
AHÍ (media distancia)	esa	esos	esa	esas
ALLÍ (lejos)	aquel	aquellos	aquella	aquellas

Esta actividad

Ese helado

Aquella montaña

Los **adjetivos demostrativos** aparecen junto a un sustantivo y concuerdan con él en género y número.

¿Te gustan est**as** zapatill**as** verdes y naranjas?   ¿Puedes dejarme ese cuaderno?

Los **pronombres demostrativos** se refieren a un sustantivo. Tienen el género y el número del sustantivo al que se refieren.

¿Te gustan estas zapatillas verdes y naranjas? No, prefiero **esas** azules y rojas.

esas = unas zapatillas

5. Los posesivos

Los adjetivos posesivos sirven para expresar propiedad o relación.

Mi mochila es azul y **tu** mochila es roja.   **Su** madre se llama Lourdes.

	Singular	Plural
Yo	**mi** amigo	**mis** amigos
Tú	**tu** amigo	**tus** amigos
Él / Ella / Usted	**su** amigo	**sus** amigos
Nosotros/as	**nuestro** amigo / **nuestra** amiga	**nuestros** amigos / **nuestras** amigas
Vosotros/as	**vuestro** amigo / **vuestra** amiga	**vuestros** amigos / **vuestras** amigas
Ellos / Ellas / Ustedes	**su** amigo	**sus** amigos

Los adjetivos posesivos concuerdan en **número** con el sustantivo al que acompañan.

¿Cuántos años tiene **tu** herman**a**? ¿Dónde vive **tu** prim**o**?

¿Cuántos años tienen **tus** herman**as**? ¿Dónde viven **tus** prim**os**?

Los adjetivos posesivos de 1.ª y 2.ª personal plural (nuestro, nuestra, nuestros, nuestras, vuestro, vuestra, vuestros, vuestras) también concuerdan en género con el sustantivo al que acompañan.

Nuestr**a** profesor**a** se llama María. Vuestr**os** tí**os** viven en Málaga.

↘ Mi profesora, de Pablo y de Sara. ↘ Los tíos de Pablo y Sara.

Nuestr**o** **profesor** se llama Fernando. Vuestr**as** tí**as** viven en Málaga.

6. Los numerales

Los numerales pueden ser cardinales (indican una cantidad exacta) u ordinales (indican orden dentro de un grupo).

6.1 Los números cardinales

1	uno/a, un	11	once	21	veintiún veintiuno/a	31	treinta y uno	300	trescientos
2	dos	12	doce	22	veintidós	40	cuarenta	400	cuatrocientos
3	tres	13	trece	23	veintitrés	50	cincuenta	500	quinientos
4	cuatro	14	catorce	24	veinticuatro	60	sesenta	600	seiscientos
5	cinco	15	quince	25	veinticinco	70	setenta	700	setecientos
6	seis	16	dieciséis	26	veintiséis	80	ochenta	800	ochocientos
7	siete	17	diecisiete	27	veintisiete	90	noventa	900	novecientos
8	ocho	18	dieciocho	28	veintiocho	100	cien	1000	mil
9	nueve	19	diecinueve	29	veintinueve	101	ciento uno/a, un	2000	dos mil
10	diez	20	veinte	30	treinta	200	doscientos	1 000 000	un millón

*A partir del número 31, las unidades se escriben separadas de las decenas y se pone la conjunción "y". Fíjate: veintiocho, veintinueve, treinta, treinta y uno, treinta y dos…

6.2. Los números ordinales

1.º	primero/a, primer	6.º	sexto/a
2.º	segundo/a	7.º	séptimo/a
3.º	tercero/a	8.º	octavo/a
4.º	cuarto/a	9.º	noveno/a
5.º	quinto/a	10.º	décimo/a

7. Los indefinidos

Los indefinidos son cuantificadores, las palabras que se usan para indicar existencia o cantidad de forma poco precisa.

En la clase hay **muchos** libros, **bastantes** cuadernos y **pocos** bolígrafos.

Singular		Plural	
Masculino	Femenino	Masculino	Femenino
poco	poca	pocos	pocas
mucho	mucha	muchos	muchas
bastante		bastantes	

8. Los pronombres personales sujeto

Los pronombres personales sujeto indican la persona o personas que realizan la acción del verbo y concuerdan con él en número y persona.

	Singular		Plural	
	Masculino	Femenino	Masculino	Femenino
1.ª persona	yo		nosotros	nosotras
2.ª persona	tú, usted		vosotros, ustedes	vosotras, ustedes
3.ª persona	él	ella	ellos	ellas

Normalmente, en español no se usa el pronombre personal sujeto. Las terminaciones del verbo indican de qué persona gramatical se trata:

Se llama Alejandro, **tiene** catorce años y **vive** en Madrid.

3.ª pers. sing.   3.ª pers. sing.   3.ª pers. sing.

Utilizamos el pronombre personal sujeto cuando queremos contrastar informaciones, opiniones, etc.

Yo estudio inglés, pero **él** prefiere estudiar español.

¿Eres María? No, **yo** soy Paula; **ella** es María.

En España, tú y vosotros/as indican una relación de confianza y usted y ustedes se utilizan para mostrar respeto en situaciones formales, por ejemplo con personas mayores.

¿Es **usted** el abuelo de Lydia?

¡Hola, **(yo)** soy Sara! Tengo doce años y soy de Vigo, España.

¡Hola! **(Nosotros)** Somos Sofía, Juan, Kiko y Mariana. Vivimos en Cali, Colombia.

9. Los pronombres interrogativos

Los pronombres interrogativos son palabras que utilizamos para preguntar por algo que no conocemos. Normalmente, se ponen al principio de la frase y, a veces, van precedidas de una preposición.

➔ **Qué** se utiliza para:
- preguntar para identificar una cosa, una actividad:

    ¿Qué lenguas hablas?   ¿Qué palabras conoces en español?

- preguntar por algo abstracto:

    ¿Qué significa adiós?   ¿Qué haces?

➔ **Quién**, **quiénes** se utilizan para identificar a una o varias personas:

    ¿**Quién** es tu padre?   ¿**Quiénes** son tus amigos?

➔ **Cuál, cuáles** se utilizan para obtener información específica:

    ¿**Cuál** es la capital de Argentina?

➔ **Cuánto, cuánta, cuántos, cuántas** se utilizan para preguntar por una cantidad:

    ¿**Cuántos** años tienes?   ¿**Cuántas** veces comes fruta a la semana?

ciento cincuenta y uno

→ **Cómo** se utiliza para preguntar por:
- el nombre y el apellido:

    ¿**Cómo** te llamas?
- el modo de hacer algo:

    ¿**Cómo** vas al colegio?
- la descripción de alguien:

    ¿**Cómo** es tu hermana?

→ **Cuándo** se utiliza para preguntar por la localización en el tiempo:

¿**Cuándo** empiezan las vacaciones?

→ **Dónde** se utiliza para preguntar por el lugar:

¿**Dónde** vives?   ¿**Dónde** está la biblioteca?

→ **Por qué** se utiliza para preguntar por la causa:

¿**Por qué** estudias español?   ¿**Por qué** no están los alumnos en la clase?

→ **Para qué** se utiliza para preguntar por utilidad o finalidad de algo:

¿**Para qué** sirve el Wi-Fi?

10. Las conjunciones

Las conjunciones son palabras que sirven para enlazar palabras u oraciones.

CONJUCIÓN	ES PARA…	EJEMPLO
y, e, ni Utilizamos e cuando la palabra que sigue a la conjunción empieza por -i.	sumar	→ Nos gusta ir al cine y jugar al fútbol. → Hablamos francés e inglés. → No se puede comer ni beber en clase.
o, u Utilizamos u cuando la palabra siguiente empieza por -o u -ho.	indicar opción	→¿Qué te gusta más: la carne o el pescado? → Normalmente como siete u ocho frutas al día.
pero	indicar contraposición	→ No me gusta mucho el tomate pero la lechuga sí.

11. Los adverbios

Los adverbios son palabras que indican circunstancias de lugar, tiempo, modo, etc. Modifican a un verbo, a un adjetivo o a otro adverbio.

Me gusta **mucho** jugar al fútbol.   Mi hermana es **bastante** simpática.

Pueden ser:

→ De tiempo: antes, ahora, después, pronto, temprano, tarde, siempre, a veces, normalmente, nunca…

Siempre desayuno leche con cereales.   **A veces** comemos en la terraza.

→ De lugar: aquí, allí, cerca, lejos…

En verano, voy a estar **aquí**, en Madrid.

→ De modo: bien, mal, deprisa, despacio…

Este ejercicio está **mal**.

→ De cantidad: mucho/muy, demasiado, bastante, poco.

Mucho complementa a verbos:

Me gusta **mucho** jugar al fútbol.    Mi abuelo come **mucho**.

Muy complementa a adverbios y adjetivos:

Hablamos español **muy** bien.    Juan es **muy** alto.

→ De afirmación: **sí, también**.

Me gustan mucho las matemáticas. A mí también.

→ De negación: **no, tampoco**.

12. Las preposiciones de lugar

Estas preposiciones nos sirven para indicar la posición o el lugar donde se encuentra ubicada un objeto o persona.

El perro está **debajo de** la mesa.

Misu está **encima del** ordenador.

La planta está **al lado del** sofá.

Luis está **detrás del** árbol.

La bici está **delante de** la ventana.

El coche amarillo está **entre** el coche azul y el coche negro.

ciento cincuenta y tres

13. Los verbos

Los verbos son las palabras que sirven para expresar acciones. En español, los verbos pueden pertenecer a tres conjugaciones.

1.ª conjugación	infinitivos terminados en -ar	hablar, saludar, estudiar
2.ª conjugación	Infinitivos terminados en -er	leer, responder, aprender
3.ª conjugación	Infinitivos terminados en -ir	escribir, describir, repetir

13.1. El presente de indicativo

Usamos el presente:

- para hablar sobre hechos que suceden en el momento en el que hablamos:

– ¿Qué haces?
– **Escribo** un mensaje a mi hermano.

- para hacer referencia a hechos generales:

En Chile, el verano **comienza** el 21 de diciembre.

- para hablar sobre el futuro próximo cuando hablamos de acciones previstas o planificadas:

Este fin de semana **vamos** al cine.

13.1.a. El presente de indicativo de los verbos regulares

	-ar	-er	-ir
	Habl/ar	Comprend/er	Escrib/ir
(yo)	hablo	comprendo	escribo
(tú)	hablas	comprendes	escribes
(él, ella, usted)	habla	comprende	escribe
(nosotros/as)	hablamos	comprendemos	escribimos
(vosotros/as)	habláis	comprendéis	escribís
(ellos/as, ustedes)	hablan	comprenden	escriben

- Se conjugan como *hablar*: saludar, estudiar, explicar, trabajar nadar, pasear, viajar.
- Se conjugan como *comprender*: leer, responder, aprender, comer, correr, recorrer.
- Se conjugan como *escribir*: decidir, describir, repetir, unir.

13.2. Verbos de afección

- Se conjugan con los pronombres me, te, le, nos, os, les.
- Se emplea la forma *gusta* / *encanta* seguida de un sustantivo en singular o un infinitivo:

  Me *gusta* tu mochila.   A mi hermana le *gusta* ir a la playa.

- Se emplea la forma *gusta*n seguida de un sustantivo plural:

  Nos *gustan* las frutas.   ¿Os *gustan* estos videojuegos?

	Gustar
(yo)	**me** gusta(n)
(tú)	**te** gusta(n)
(él, ella, usted)	**le** gusta(n)
(nosotros/as)	**nos** gusta(n)
(vosotros/as)	**os** gusta(n)
(ellos/as, ustedes)	**les** gusta(n)

El verbo **encantar** se conjuga como *gustar*: me encanta, te encanta...

13.3. El verbo *ser*

El verbo *ser* se utiliza para:

- **Definir**.

    El abecedario es el conjunto de letras de una lengua.

- **Identificar**.

    Bogotá es la capital de Colombia.   Belén es mi profesora de español.

- Referirse a las **características** propias de una persona, objeto o lugar (nacionalidad, profesión, aspecto físico, carácter, color).

    Belén es española.   Belén es profesora. Es morena y alta.
    El *spinner* es azul.   Mi amigo Yan y yo somos chinos.

    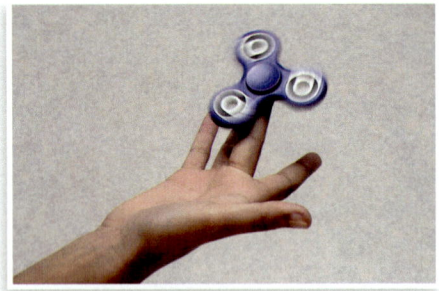 

- Expresar la **hora**.

    ¿Qué hora es?   Son las tres menos veinte.

13.4. El verbo *estar*

El verbo *estar* se utiliza para:

- **Situar** en el espacio.

   Pablo y yo estamos en el parque, ¿vienes?   Los libros están en la biblioteca.
   Madrid está en el centro de España.   El cuaderno rosa está en tu mochila.

- **I**ndicar el **estado** civil.

   Mi tía está divorciada.   Mi hermano está casado.

13.4. Hay/está(n)

Utilizamos hay para hablar de la existencia de algo y preguntar sobre un lugar que no se ha mencionado antes.

Perdona, ¿sabes si hay aula de nuevas tecnologías en este colegio?

Por favor, ¿sabe dónde hay una parada de autobús?

Utilizamos está(n) cuando queremos situar en el espacio algo que ya sabemos que existe o que se ha mencionado.

¡Claro! El aula de nuevas tecnologías está en la primera planta

Sí: la parada de autobús está en la calle Mayor, al lado del colegio Montessori

14. Expresar finalidad: para + infinitivo

Utilizo el móvil **para hablar** con mis amigos.   Este armario es **para guardar** mis juegos.

TRANSCRIPCIONES

LIBRO DEL ALUMNO p.159

CUADERNO DE ACTIVIDADES p.164

TRANSCRIPCIONES

UNIDAD 0

Pista 1
metro, paella, flamenco, fútbol, hotel, taxi, hola.

Pista 2
Hombre: Me llamo Luis Suárez. Soy de Salto, una ciudad de Uruguay. Soy futbolista.

Niña: ¡Hola! Me llamo Mafalda. Soy argentina y vivo en Buenos Aires. Soy estudiante.

Mujer: Me llamo Shakira y soy cantante. Soy colombiana, de Barranquilla.

Hombre: ¡Hola! Me llamo Pedro Pascal y soy chileno. Soy actor y vivo en Santiago de Chile.

Pista 3
Nicaragua, Argentina, Costa Rica, Guatemala, Venezuela, Puerto Rico, México y Panamá.
El Salvador, Honduras, Ecuador, Uruguay, Paraguay, Cuba, Chile y Perú.
República Dominicana y Guinea Ecuatorial y que no se te olviden los que vienen al final.
Colombia y Bolivia y, por supuesto, España son los países en el mundo donde se habla el español.

Pista 4
A, B, C, D, E, F, G, H, I, J, K, L, M, N, Ñ, O, P, Q, R, S, T, U, V, W, X, Y, Z.

Pista 5
B, M, C, V, G, I.

Pista 6
¿Cómo se escribe?
¿Puedes repetir?
¿Cómo se dice hello?
¿Qué significa adiós?

Pista 7
1. Profesor: Abrimos el libro, página once.
Alumno: ¿Puedes repetir, por favor?
Profesor: Sí, claro. Abrimos el libro, página once.
Alumno: Gracias.

2. Profesor: Escribimos en el cuaderno: pizarra.
Alumna: Profesor, ¿cómo se escribe?
Profesor: pe-i-zeta-a-doble erre-a

3. Alumna: ¿Cómo se dice hello en español?
Profesor: Se dice hola.

4. Alumno: ¿Qué significa adiós?
Profesora: Uf, hay muchas nacionalidades en la clase. A ver, significa: *ciao, see you later, au revoir, até logo…*
Alumno: Muchas gracias, profesora.

UNIDAD 1

Pista 8
1. – ¡Hola, Adriana!
– ¡Hola! Buenos días, Paula.

2. – ¿Cuántos años tienes?
– Tengo 11 años. ¿Y tú?
– Yo tengo 13 años.

3. – ¡Hasta luego, Miguel!
– ¡Chao, Dani!

4. – ¿Cómo te llamas?
– Me llamo Caroline.
– ¿De dónde eres?
– Soy francesa, ¿y tú?
– Yo me llamo Juan David, y soy colombiano.

5. – ¿Cómo te llamas?
– Me llamo Carlos Martín López.

Pista 9
Alumno: Hola, ¿esta es la clase de 1.º A?
Alumna: Sí, hola. ¿Cómo te llamas?
Alumno: Me llamo Jack.
Alumna: Hum… Jack no es un nombre español. ¿De dónde eres?
Alumno: Soy irlandés.
Alumna: ¿Cuántos años tienes?
Alumno: Tengo 11 años. ¿Y tú?
Alumna: Yo tengo 12.

Pista 10
1. Profesora: Sophie, tu apellido es Blondel, ¿verdad? ¿De dónde eres?
Alumna: Sí, mi apellido es Blondel y soy francesa.
Profesora: ¿Cuántos años tienes?
Alumna: Tengo 12 años.

2. Profesora: ¿Quién es Tomek Nowak?
Alumno: Yo, yo soy Tomek Nowak.
Profesora: ¿De dónde eres Tomek?
Alumno: Soy polaco.
Profesora: ¿Cuántos años tienes?
Alumno: Tengo 11 años.

3. Profesora: Por último, Adriana. Adriana, ¿cuál es tu apellido?
Alumna: Paixao.
Profesora: ¿Cómo se escribe Paixao?
Alumna: Se escribe, pe-a-i-equis-a-o.
Profesora: Adriana, eres brasileña, ¿verdad? ¿Cuántos años tienes?
Alumna: Sí, soy brasileña y tengo 11 años.

Pista 11
¡Hola a todos! Me llamo Celia y tengo trece años. Soy colombiana pero vivo en Buenos Aires con mi familia. Soy estudiante. Mi madre se llama Azahara y mi padre se llama Sergio. Tengo un gato que se llama Negrito. Mi color favorito es el rojo.

LIBRO DEL ALUMNO

UNIDAD 2

Pista 12

1. – Ainara está en la clase de Matemáticas.

2. – ¿Qué hay en la clase?
– En la clase hay una pizarra digital, una mesa y cinco sillas.

3. – ¿Dónde están Paula y Ana?
– Están en la biblioteca.

4. – El gimnasio del cole es amarillo y azul, y está en la segunda planta.

5. – En la mesa hay muchos lápices.

Pista 13

Profesor: ¡Hola chicos! Hoy es el primer día de clase. Vamos a conocer nuestro colegio. Vamos a la biblioteca que está en la primera planta. En la biblioteca hay muchos libros y unas revistas de National Geographic.

María: ¿Hay ordenadores en la biblioteca?

Profesor: Sí, pero hay pocos ordenadores. Solo dos. En el aula de Informática hay muchos ordenadores.

Carlos: ¡Qué guay! ¿Y también hay gimnasio?

Profesor: Por supuesto Carlos, en este cole hay un gimnasio muy grande.

María: Ah… ¿También hay pelotas y balones para todos?

Profesor: Jaja... ¡Claro, María! Hay bastantes pelotas y balones en el colegio.

Pista 14

1. Ciencias Naturales, **2.** Lengua, **3.** Educación Física, **4.** Matemáticas, **5.** Español, **6.** Informática, **7.** Ciencias Sociales, **8.** Plástica, **9.** Música.

Pista 15

Niño: Hola, Ana. ¿Qué tal? Oye, tengo dudas con el horario. ¿Qué día son las clases de Matemáticas?

Niña: ¡Hola, Javi! ¿Qué tu primer día en el cole? Mira, las clases de matemáticas son los lunes y los miércoles.

Niño: Lunes… y miércoles… ¿A qué hora?

Niña: Los lunes a primera hora, y los miércoles a segunda, después de Lengua.

Niño: ¿Y las clases de Educación Física?

Niña: Las clases de Educación Física son en el gimnasio, los jueves y viernes a tercera hora, antes del recreo.

Niño: ¿En el gimnasio? ¿Dónde está el gimnasio?

Niña: El gimnasio está en la primera planta.

Niño: Vale, genial. ¿Puedes repetir el horario de la clase de los viernes, por favor?

Niña: Sí. A primera hay Español, después Plástica y a tercera hora Educación Física.

Niño: ¡Genial! Muchas gracias.

Pista 16

1. Son las doce. / **2.** ¡Gracias! / **3.** En la clase hay una pizarra. / **4.** Soy Lucía. / **5.** ¿Tienes un lápiz? / **6.** En el zoo hay cebras.

Pista 17

Alicia: ¡Hola, Fernando! ¿estás en el colegio?

Fernando: Sí, Alicia. Estoy en la cafetería. ¿Por qué?

Alicia: Oye Fernando, los libros de Ciencias Sociales no están en mi mochila y mañana tengo examen. Creo que están en el aula. ¿Puedes cogerlos?

Fernando: ¡Claro! Juan está conmigo también. Ahora vamos los dos.

Locutor: Dos minutos después.

Fernando: Oye Alicia, Juan y yo estamos en el aula y tus libros no están aquí.

Alicia: ¡Qué desastre! ¿Pero vosotros estáis en la clase de la tercera planta?

Fernando: Sí, pero no están tus libros.

Alicia: Bueno… Vale. Gracias chicos. ¡Nos vemos mañana!

Fernando: De nada. ¡Hasta mañana!

Pista 18

¡Cumpleaños feliz! ¡Cumpleaños feliz! Te deseamos todos, ¡cumpleaños feliz!

Pista 19

1. Los martes a primera hora tengo Matemáticas.

2. Juan y tú tenéis unas mochilas rojas.

3. La clase de Español es muy divertida.

4. Mi asignatura favorita es Inglés.

Pista 20

Celeste: Los lunes, martes, miércoles y viernes tenemos clases con el profesor Francisco. Él es el profesor de Matemáticas. ¡Estudiamos mucho en sus clases!

Celeste: La profe Inma es mi favorita. Ella es la profesora de Música y en su clase hay guitarras, pianos, maracas, tambores, violines, flautas… ¡es una clase muy divertida!

Celeste: Nuestro profesor de Inglés se llama John, pero todo el mundo le llama Juan. Habla muy bien español.

Celeste: Sonia es la profesora de Lengua. En su asignatura tenemos dos libros, el cuaderno de actividades y un diccionario. A veces, también utilizamos nuestro móvil en clase.

Celeste: Ciencias Sociales es una asignatura muy divertida en mi colegio. La profesora Carmen hace muchas actividades interactivas en la pizarra y vemos muchos vídeos de internet.

Celeste: Las clases de informática con el profesor Fernando son un poco aburridas. Solo hay diez ordenadores y somos veinticinco alumnos en clase. ¡Qué desastre!

Celeste: La primera asignatura que tenemos en la semana es Ciencias Naturales, con la profesora María José. También tenemos los martes a tercera hora y los viernes a última.

Celeste: Ana es la profesora de Educación Física. En su asignatura siempre jugamos al fútbol, a baloncesto o corremos. ¡No hay libros ni lápices!

UNIDAD 3

Pista 21

1. – ¡Hola! Me llamo Julia y tengo once años. En la foto estoy con mi abuelo Miguel, el hombre con el pelo blanco y barba.

2. – Este es el perfil de Facebook de Javi, nuestro nuevo compañero de clase.
– ¿Es el chico rubio?
– No, es el chico moreno.

3. – ¿Vuestro proyecto es de Plástica?
– No, nuestro proyecto es de Ciencias Naturales.

4. – ¿Dónde trabaja tu madre?
– Mi madre trabaja en un restaurante.

5. Mi prima se llama Jana y tiene dos años. Es morena y tiene el pelo rizado. ¡Es muy guapa!

Pista 22

Audio 1: ¡Hola a todos los estudiantes del colegio Cervantes! Es jueves 23 y en el programa de hoy hablamos sobre la profe de Mates: Juana Sánchez. ¿Sabes quién es? Tiene el pelo corto y gafas, es muy simpática. Matemáticas es la asignatura favorita de muchos alumnos porque la profesora es genial…

Audio 2: ¿Qué tal, alumnos del Cervantes? Hoy es jueves 30 y en nuestro programa conocemos mejor al profe de Plástica, el señor González. Pablo González vive en nuestra ciudad desde hace 10 años, es moreno, delgado, tiene el pelo corto y lleva barba. ¡Pero no tiene gafas! El profesor moreno con gafas es el de Historia…

Audio 3: ¡Buenos días, alumnos del cole! Hoy es jueves 28 y nuestro programa está dedicado a la profe Tudela, la profesora de Ciencias. ¿No la conocéis? Es una profe muy guay y muy guapa: es alta, delgada y morena. Tiene el pelo rizado y corto. Enseña Ciencias a los alumnos de quinto y sexto. Su despacho está en la tercera planta del cole….

Pista 23

1. La caja está en la mesa.

2. Hay mucha gente en el gimnasio.

3. La jirafa es un animal.

4. Los ojos de María son grandes.

5. Las tijeras están en la mochila.

6. La clase de Español es el jueves.

Pista 24

¡Hola! Me llamo José, tengo doce años y esta es mi familia.

Mi padre se llama Julián tiene cuarenta y cinco años. Es el hombre del pelo blanco y la barba. Mi madre se llama Susana, es rubia y tiene gafas. Mi madre es muy inteligente y divertida.

Vivimos en mi casa con mi hermano Pablo, que tiene diecinueve años, y mi hermana Cristina, que tiene quince.

Los fines de semana comemos toda la familia en casa de mis abuelos. Mi abuelo se llama Domingo, es muy cariñoso y sociable. Tiene una perrita que se llama Gordi. Mi abuela se llama Paulina, es rubia y tiene gafas, como mi madre. Mis abuelos tienen dos hijos: mi madre y mi tío Luis.

Mi tío es moreno y calvo, como mi abuelo. Su mujer se llama Julia. Es de Uruguay y es muy simpática. Mis tíos son los padres de mis primos: mi prima Miriam, que también tiene doce años, y mi primo pequeño que se llama Alonso.

Pista 25

Mira, Julia: es una foto de mi familia. El hombre alto es mi abuelo Marcos y la mujer rubia es su mujer, mi abuela Maribel. Aquí están mi tío Diego y mis primos Luis e Ignacio.

La niña morena es mi hermana Luisa. Mis padres son muy simpáticos. También tenemos un perro. Nuestro perro es marrón y negro. Como ves, nuestra familia es muy grande. ¿Cómo es tu familia?

Pista 26

¡Hola! Soy Jimena, soy colombiana y me gusta mucho esta aplicación. Ahora conozco chicos y chicas de mi edad en todo el mundo.

Vivo en Barranquilla con mi familia. Mi padre se llama David y trabaja en una oficina. Mi madre es profesora y trabaja en un instituto. Mis abuelos Juan Carlos y Ana María viven con nosotros, porque mi casa es muy grande, tiene dos plantas y un jardín. Mi habitación está en la segunda planta y es muy bonita. También tengo una hermana mayor que se llama Luz, pero ella vive con su marido en otra casa. ¿Tú con quién vives?

LIBRO DEL ALUMNO

Pista 27

Esta es mi familia. Mis abuelos los padres de mi padre, se llaman Manolo y Dolores. Mi abuela, la madre de mi madre, se llama Carmen. La hermana de mi padre, mi tía María, es abogada. Está soltera. El hermano de mi madre es mi tío Pedro. Es médico. Su mujer, mi tía Isabel es ama de casa y su hijo es mi primo Daniel. Mi madre también tiene una hermana que se llama Sofía. Mis otros abuelos se llaman Antonio y Teresa. Esa es mi familia. ¡Ah! Y yo me llamo Miguel.

UNIDAD 4

Pista 28

1. – Mamá, ¿qué tenemos para comer hoy?
– Hoy tenemos sopa de verduras de primero y arroz con pollo de segundo.

2. – ¿Qué te gusta hacer en tu tiempo libre?
– Me gusta mucho jugar al baloncesto.
– ¡A mí también!

3. – ¿Te gustan las frutas?
– Sí, y me gustan mucho las fresas.
– ¡Uf! A mí no.

4. – Pablo siempre desayuna leche con cereales y zumo de naranja.

Pista 29

1. ¿Qué tal? Me llamo Julia y soy mexicana. Tengo doce años y vivo en Japón. No me gusta leer, pero me encantan los cómics. Estudio Japonés e Inglés en el cole, pero mi asignatura favorita es Plástica.

2. Hola, me llamo Nuno y soy portugués. Me gustan mucho los animales y los dinosaurios. Mi asignatura favorita es Ciencias Naturales. También me gusta mucho cocinar: me encanta la comida mexicana y las tapas españolas. Hablo portugués, inglés y un poco de español.

3. ¿Qué tal? Somos Jorge y Javi, dos hermanos de diez y doce años. Somos españoles, pero vivimos en Italia y hablamos un poco de italiano. Nos encantan los videojuegos y las películas de aventuras y, por supuesto, la comida italiana: pasta, pizza, etc. A mi hermano Javi le encanta la lasaña, pero a mí no. Los fines de semana nos gusta jugar a juegos de carreras de coches o de fútbol mientras comemos pizza. ¡Es un plan muy guay!

Pista 30

Patri: Hola, Chechu. ¿Comemos?
Chechu: Hola, Patri. Sí, claro. ¿Qué tienes de comer?
Patri: Tengo pasta con tomate.
Chechu: ¿En serio? ¡Es mi comida favorita! Me encanta la comida italiana. ¡Qué suerte! Yo tengo arroz con verduras, y no me gusta mucho.
Patri: ¿No? A mí sí me gusta el arroz con verduras, pero mi comida favorita es el pollo con patatas fritas.
Chechu: ¡Mmmm! A mí también me gusta el pollo con patatas fritas.

Pista 31

1. ¿Te gusta el pescado?

2. Me gusta el queso.

3. Tenemos un kilo de patatas.

4. Hay quince huevos.

5. Hoy como carne.

6. Tengo un cuaderno.

Pista 32

Me gusta la leche tibia
Para desayunar.
Con galletas o tostadas
Y mermelada para untar.
Para la comida ensalada,
Carne o pescado, espinacas
O acelgas; y fruta fresca
Todo, sentado a la mesa.
En la merienda un bocata
Fruta o yogur con cereal.
Comparto todo con mis amigos,
Que invito a casa para jugar.
Para la cena pescado a la plancha
Otra ensalada y un rico yogur,
Y bien bañadito, a dormir temprano.
Así los niños cuidan su salud.

Pista 33

1. A Alicia le encanta leer, pero no le gusta navegar por internet. Le gusta mucho viajar y también le encanta ir al cine con sus amigos.

2. A Chema no le gusta leer, pero le encanta navegar por internet. También le gusta viajar y, especialmente, le gusta mucho ver películas en el cine.

3. A Rubén le gusta leer, pero lo que le gusta mucho es usar internet. Le encanta viajar y no le gusta nada ir al cine.

UNIDAD 5

Pista 34

1. – Uso el ordenador para hacer los deberes del cole.

2. – Mirad, aquella casa es de Thalía, la cantante.
– ¿Sí? ¡Qué guay! Es muy grande.

3. – Mamá, ¿dónde están mis libros?
– Están encima de tu escritorio.

4. – ¿A qué hora es el partido de fútbol?
– A las nueve.

5. – ¿Qué hay en tu dormitorio?
– En mi dormitorio hay una cama, una estantería y dos armarios para guardar la ropa.

Pista 35

¡Hola chicos! Soy Sandra. Esta es mi habitación. Me encanta el color azul de la pared. La cama es muy cómoda, y el escritorio es muy grande, me gusta estudiar y usar el ordenador. Hay una estantería encima del escritorio para colocar todos mis libros y mis cosas. Es muy luminosa por la mañana y tengo tres lámparas para las noches.

Pista 36

1. Tengo una estantería en mi habitación para poner los libros.

2. En la habitación de mi hermana hay un armario marrón y negro para guardar la ropa.

3. Mi cama no es muy grande, pero es muy cómoda para dormir.

4. En mi habitación no tengo escritorio, así que utilizo la mesa del salón para estudiar.

5. Me encanta la silla roja de mi abuela, siempre la uso para sentarme y leer mis cómics.

6. Todos los días uso el lavabo para lavarme la cara.

Pista 37

1. Son las ocho y diez.

2. Son las seis y cuarto.

3. Son las diez menos cuarto.

4. Son las nueve y veinticinco.

5. Son as dos menos veinte.

Pista 38

a. Javi, el partido de hoy es a las seis y media de la tarde.

b. Mamá, el concierto termina a las ocho y cuarto, ¿vale?

c. Este año tenemos inglés los lunes y miércoles a las nueve de la mañana. ¡Qué rollo!

d. Voy ya a la parada para coger el autobús porque el próximo sale a las doce menos diez.

Pista 39

Decir. Rojo. Colores. Estantería. Oscura. Moderna.

Pista 40

1. – ¿Antonio qué hay en tu dormitorio?
– En mi dormitorio hay una cama, un armario, una estantería y un escritorio.

2. – ¿Mamá, dónde están mis libros?
– ¡Hijo mío! Donde siempre, en la estantería.

3. – Marta, ¿a qué hora es el curso de voleibol? ¡Qué lío las clases extraescolares!
– A ver, el curso de guitarra es a la una y el de voleibol es a las tres.

4. – ¿Cómo es la casa nueva de María?
– Mi casa nueva es muy guay: es muy bonita y grande, me gusta mucho. ¡Y también tiene una piscina!

CUADERNO DE ACTIVIDADES

Unidad 0

Pista 1

1. Perú, **2.** Cuba, **3.** México, **4.** Argentina, **5.** España, **6.** Colombia, **7.** Chile

Pista 2

a. - ¿Puedes repetir, por favor?
- Sí, repito: actividad 3, página 10.

b. - ¿Cómo se escribe "goma"?
- Se escribe ge, o eme, a.

c. - ¿Cómo se dice computer en español?
- Se dice ordenador.

d. - ¿Qué significa "chao"?
- Significa adiós, *goodbye*.

e. - ¿Entiendes?
- Lo siento, no entiendo.

Unidad 1

Pista 3

- ¿Cómo te llamas?
- Me llamo Natalia.
- ¿Cuántos años tienes, Natalia?
- Tengo doce años.
- ¿De dónde eres?
- Soy de Chihuahua, una ciudad de México.
- ¿Dónde vives?
- Vivo en Atenas, una ciudad de Grecia.

Pista 4

1. **Chico:** Hola. Me llamo Alberto. Tengo 11 años. Soy de Salamanca. Vivo en Barcelona.
2. **Chica:** ¡Buenas! Me llamo Paula. Tengo 12 años. Soy de Sevilla. Vivo en Madrid.
3. **Chico:** Hola, ¿qué tal? Me llamo Jorge. Tengo 12 años. Soy de Barcelona. Vivo en Zaragoza.
4. **Chica:** Hola, me llamo Laura. Tengo 11 años. Soy de Madrid. Vivo en Valencia.

Pista 5

Chica: ¡Hola! Me llamo Sandra y soy rusa. Tengo once años. Mi correo electrónico es: sandra-roja@elcole.com
Chico: ¡Hola! ¿Qué tal? Soy Manu y soy francés. Tengo doce años. Mi correo electrónico es: manu_queguay@elcole.com

Unidad 2

Pista 6

1. - ¿Sergio es mexicano?
   - Sí, es mexicano.
2. - ¿Sois brasileños?
   - No, no somos brasileños, somos portugueses.
3. - ¿Eres Juana?
   - No, no soy Juana, soy Luisa.
4. - ¿Messi es español?
   - No, Messi no es español, es argentino.
5. - ¿Son irlandeses?
   - Sí, ellos son irlandeses.

Pista 7

Diálogo 1
- ¿Qué hay en tu mochila?
- En mi mochila hay unos libros, un cuaderno, un estuche y una regla.
- ¿Y los lápices de colores?
- No tengo los lápices de colores aquí, están en mi casa.

Diálogo 2
- ¿Sabes dónde están los libros de Ciencias Sociales?
- Sí, están en la estantería.

Diálogo 3
- Los estudiantes están ya en el salón de actos para cantar la canción, pero ¿dónde está la profesora de Música?
- Ella no está aquí, pero en la sala de profesores hay muchos profesores. ¿Hablamos con ellos?

Diálogo 4
- Profe, ¿dónde estás las pelotas?
- En el gimnasio hay muchas pelotas. También hay bastantes raquetas. El gimnasio está en la segunda planta.

Pista 8

1. ¡Hola! Me llamo César y soy español. Tengo doce años y vivo en Polonia. Mi madre es española y mi padre es ruso. Hablo español, polaco y francés. ¡Me encantan las lenguas!

2. ¡Hola! ¿Qué tal? Soy Zulema y soy estadounidense. Tengo trece años y vivo en Atenas, la capital de Grecia. Además de griego, hablo inglés y un poco de japonés, porque tengo una amiga de Tokio. Mis asignaturas favoritas son Ciencias Naturales e Italiano.

TRANSCRIPCIONES

Pista 9

1. Las zapatillas son azules y blancas.
2. Me llamo Cristina y soy de Ceuta, pero vivo en Zamora.
3. Hay una cebra en el zoo.
4. En mi clase de Español hay una pizarra digital, muchos libros y diccionarios.
5. Mi teléfono es: seis, tres, cinco, doce, veinticuatro, dieciséis.

Unidad 3

Pista 10

Madre: ¡Oye, Javi! ¿Qué tal la comida en casa de tu amigo Pablo?

Javi: ¡Muy bien, mamá! Sus padres son muy simpáticos y divertidos. También está su abuelo que tiene setenta y dos años. Se llama Pablo, como él.

Madre: ¿Y qué tal?

Javi: Es un hombre un poco tímido, no habla mucho, pero es muy cariñoso.

Madre: ¡La comida, digo!

Javi: ¡Ahh! ja, ja... ¡Muy bien! Hay pollo a la naranja y arroz con verduras. También hay flan de postre.

Madre: ¡Qué bien suena! ¿Cocinan sus padres? ¿Ellos trabajan?

Javi: Sí, trabajan. Su madre es abogada y su padre es cocinero. Tiene un restaurante con su hermana que es la tía de mi amigo Pablo.

Madre: ¿Pablo tiene hermanos? Ahora no me acuerdo...

Javi: Sí, tiene un hermano pequeño que se llama Lucas. Tiene siete años y también va a nuestro cole. Tiene el pelo rizado y unas gafas rojas, ¿te acuerdas?

Madre: ¡Es verdad! Está en clase con la sobrina de mi amiga Marga. ¡Pues pásalo muy bien, Javi! Llámame cuando termines. Un besito.

Javi: Vale, mamá. Un beso.

Pista 11

1. Esta es mi hija, su nombre es Sara.
2. Lucía, él es mi primo Raúl. Es el hijo de mi tía Tere.
3. Chicos, esta es Mónica, vuestra nueva compañera.
4. ¡Oh, no! Mi móvil está roto.

Pista 12

¡Hola! Me llamo Milena y soy colombiana. Mi familia es muy grande, vivimos todos en el mismo barrio de Palmira. Mi abuelo se llama Ernesto y es muy sociable: tiene muchos amigos y conoce a todos los vecinos. Mi abuela se llama Milena, como yo. Es una señora muy trabajadora: todos los días ayuda en el comedor social del barrio y por las tardes escribe para el periódico local.

Mi padre se llama Juan David y es cocinero. No habla mucho porque es un poco tímido, pero tiene un corazón muy grande. Mi madre se llama Luisa Fernanda y es policía. Por las noches estudia en la universidad y es muy inteligente: tiene las mejores notas de toda la clase.

Mi hermano Sebastián tiene veinte años y vive en una ciudad llamada Cali, pero comemos toda la familia junta los fines de semana. Es muy divertido y sabe muchos chistes porque siempre escucha programas de humor en la radio.

Unidad 4

Pista 13

María: Cristina, ¿a ti qué te gusta hacer en tu tiempo libre? ¿Te gusta algún deporte?

Cristina: No, la verdad. Estoy apuntada en el polideportivo de nuestro barrio, pero no voy casi nunca.
A veces practico Zumba, porque me gusta mucho bailar.

María: ¿Y qué bailes te gustan?

Cristina: Me gustan los bailes latinos: la salsa, la bachata, el merengue... pero no me gusta nada el reguetón.

María: A mí tampoco me gusta el reguetón, es muy aburrido. Escucho algunas canciones, pero no me gusta ni el reguetón, ni el trap.

Cristina: ¿No te gusta el trap? ¡A mí sí! Tengo muchas canciones de trap en mi móvil. Mi cantante favorita es Rosalía: es una mezcla de trap y flamenco, muy guay.

Pista 14

1. Me gustan mucho las frutas, mis favoritas son las peras y las fresas.

CUADERNO DE ACTIVIDADES

2. Normalmente desayuno leche con cereales, pero a veces desayuno yogur con fruta.
3. No me gustan los dulces: ni los helados, ni los bollos.
4. ¿Comemos pollo con patatas o pescado con ensalada?
5. No bebo café, pero sí bebo mucha agua e infusiones.

Unidad 5

PISTA 15

A. La casa de Juan es bastante antigua, es del siglo XVIII.

B. Mi apartamento está muy bien comunicado: está entre la estación de trenes y la de autobuses.

C. No me gusta esta casa para nada. Tenemos muchos muebles y esta casa no es grande. Es muy pequeña para colocar todos los muebles.

D. El salón es bastante luminoso porque tiene cuatro ventanas exteriores.

E. El domingo compro una cama nueva porque mi cama es muy incómoda, no puedo dormir bien.

PISTA 16

Audio 1: ¿Dónde dices que está? ¡Ah, sí! Está al lado de la estantería, a la derecha.

Audio 2: Mamá, ¿qué hora es? No encuentro el... ¡Ah, vale! Ya lo veo en la pared. Las diez y diez.

Audio 3: No sé dónde lo tengo. ¡Ah! Ya me acuerdo: está encima de la cama, pero no tiene batería.

PISTA 17

1. cero, 2. arroz, 3. repite, 4. rojo, 5. hora, 6. ropa, 7. verde, 8. cereales.